輪迴與轉生

死後世界的探究

死亡不是終結，
生命可以延續。
人生，究竟有何意義？
永恆，又該如何尋覓？

石上玄一郎 著
吳村山 譯

東大圖書公司

國家圖書館出版品預行編目資料

輪迴與轉生：死後世界的探究／石上玄一郎著；吳村山譯.－－二版一刷.－－臺北市：東大，2015
面；公分.－－(生死學叢書)

ISBN 978-957-19-2048-1 (平裝)

1.輪迴 2.靈魂論

216.9

© 輪迴與轉生
——死後世界的探究

著作人	石上玄一郎
譯者	吳村山
發行人	劉仲文
發行所	東大圖書股份有限公司
	地址 臺北市復興北路386號
	電話 (02)25006600
	郵撥帳號 0107175-0
門市部	(復北店) 臺北市復興北路386號
	(重南店) 臺北市重慶南路一段61號
出版日期	初版一刷 1997年2月
	二版一刷 2015年1月
編號	E 210020

行政院新聞局登記證局版臺業字第〇一九七號

ISBN 978-957-19-2048-1 (平裝)

「生死學叢書」總序

兩年多前我根據剛患淋巴腺癌而險過生死大關的親身體驗，以及在敝校（美國費城州立天普大學宗教學系所講授死亡教育 (death education) 課程的十年教學經驗，出版了《死亡的尊嚴與生命的尊嚴——從臨終精神醫學到現代生死學》一書，經由老友楊國樞教授等名流學者的強力推介，與臺北各大報章雜誌的大事報導，無形中成為推動我國死亡學 (thanatology) 或生死學 (life-and-death studies) 探索暨死亡教育運動的催化「經典之作」（引報章語），榮獲《聯合報》「讀書人」該年度非文學類最佳書獎，而我自己也獲得「死亡學大師」（《中國時報》），「生死學大師」（《金石堂月報》）之類的奇妙頭銜，令我受寵若驚。

拙著所引起的讀者興趣與社會關注，似乎象徵著，我國已從高度的經濟發展與物質生活的片面提高，轉進開創（超世俗的）精神文化的準備階段，而國人似乎也開始悟覺到，涉及死亡問題或生死問題的高度精神性甚至宗教性探索的重大生命意義。這未嘗不是令人感到可喜可賀的社會文化嶄新趨勢。

配合此一趨勢，由具有基督教背景的馬偕醫院以及安寧照顧基金會所帶頭的安寧照顧運動，有了較有規模的進一步發展，而具有佛教背景的慈濟醫院與國泰醫院也隨後開始鼓動臨終關懷的重視關注。我自己也前後應邀，在馬偕醫院、雙蓮教會、慈濟醫院、國泰集團籌備的臨終關懷基金會第一屆募款大會、臺大醫學院、成功大學醫學院等處，環繞著醫療體制暨醫學教育改革課題，作了多次專題主講，特別強調於此世紀之交，轉化救治 (cure) 本位的傳統醫療觀為關懷照顧 (care) 本位的新時代醫療觀的迫切性。

在高等學府方面，國樞兄與余德慧教授（《張老師月刊》總編輯）也在臺大響應我對生死學探索與死亡教育的提倡，首度合開一門生死學課程。據報紙所載，選課學生極其踴躍，居然爆滿，出乎我們意料之外，與我五年前在成大文學院講堂專講死亡問題時，十分鐘內三分之一左右的聽眾中途離席的情景相比，令我感受良深。臺大生死學開課成功的盛況，也觸發了成功大學等校開設此一課程的機緣，相信在不久的將來，會與宗教（學）教育、通識教育等等，共同形成在人文社會科學課程與研究不可或缺的熱門學科。

我個人的生死學探索已跳過上述拙著較有個體死亡學 (individual thanatology) 偏重意味的初步階段，進入了「生死學三部曲」的思維高階段。根據我的新近著想，廣義的生死學應該包括以下三項。第一項是面對人類共同命運的死之挑戰，表現愛之關懷的（我在此刻所要強調的)「共命死亡學」(destiny-shared thanatology),探索內容極為廣泛,至少包括(涉及自殺、死刑、安樂死等等)死亡問題的法律學、倫理學探討,醫療倫理(學)、醫院體制暨醫學教育改革課題探討,(具有我國本土特色的)臨終精神醫學暨精神治療發展課題之研究,老齡化社會的福利政策及公益事業,死者遺囑的心理調節與精神安慰,「死亡美學」、「死亡文學」以及「死亡藝術」的領域開拓,(涉及腦死、植物人狀態的)「死亡」定義探討,有關死亡現象與觀念以及(有關墓葬等)死亡風俗的文化人類學、比較民俗學、比較神話學、比較宗教學、比較哲學、社會學等種種探索進路,不勝枚舉。

第二項是環繞著死後生命或死後世界奧祕探索的種種進路,至少包括神話學、宗教(學)、文學藝術、(超)心理學、科學宇宙觀、民間宗教(學)、文化人類學、比較文化學,以及哲學考察等等的進路。此類不同進路當可構成具有新世紀科際整合意味的探索理路。近二十年來愈行愈盛的歐美「新時代」(New Age)宗教運動、日本新(興)宗教運動,乃至臺灣當前的種種民間宗教活動盛況等等,都顯示著,隨著世俗界生活水準的提高改善,人類對於死後生命或死後世界(不論有否)的好奇與探索興趣有增無減,我們在下一世紀或許能夠獲致較有「突破性」的探索成果出來。

第三項是以「愛」的表現貫穿「生」與「死」的生死學探索,即從「死亡學」(狹義的生死學）轉到「生命學」，面對死的挑戰，重新肯定每一單獨實存的生命尊嚴與價值意義，而以「愛」的教育幫助每一單獨實存建立健全有益的生死觀與生死智慧。為此，現代人的生死學探索應該包括古今中外的典範人物有關生死學與生死智慧的言行研究，具有生死學深度的文學藝術作品研究，「生死美學」、「生死文學」、「生死哲學」等等的領域開拓，對於「後傳統」(post-traditional)的「宗教」本質與意義的深層探討等等。我認為，通過此類生死學的種種探索，我們應可建立適應我國本土的新世紀「心性體認本位」生死觀與生死智慧出來，有待我們大家共同探索，彼此分享。

依照上面所列三大項現代生死學的探索，這套叢書將以引介歐美日等先進國家有關死亡學或生死學的有益書籍為主，亦可收入本國學者較有份量的有關著作。本來已有兩三家出版商請我籌劃生死學叢書，但我再三考慮之後，主動向東大圖書公司董事長劉振強先生提出我的企劃。振強兄是多年來的出版界好友，深信我的叢書企劃有益於我國精神文化的創新發展，就立即很慷慨地點頭同意，對此我衷心表示敬意。

我已決定正式加入行將開辦的佛光大學人文社會科學學院教授陣容。籌備校長龔鵬程教授屢次促我企劃，可以算是世界第一所的生死學研究所(Institute of Life-and-Death Studies)之設立。希望生死學研究所及其有關的未來學術書刊出版，與我主編的此套生死學叢書兩相配合，推動我國此岸本土以及海峽彼岸開創新世紀生死學的探索理路出來。

一九九五年九月二十四日傅偉勳序於
中央研究院文哲所（研究講座訪問期間）

「生死學叢書」出版說明

本叢書由傅偉勳教授於民國八十四年九月為本公司策劃，旨在譯介歐美日等國有關生死學的重要著作，以為國內研究之參考。傅教授從百餘種相關著作中，精挑二十餘種，內容涵蓋生死學各個層面，期望能提供最完整的生死學研究之參考。傅教授一生熱心學術，對推動國內的生死學研究風氣，更是不遺餘力，貢獻良多。不幸他竟於民國八十五年十月十五日遽爾謝世，未能親見本叢書之全部完成。茲值本書出版之際，謹在此表達我們對他無限的景仰與懷念。

東大圖書公司編輯部　謹啟

輪迴與轉生——死後世界的探究

目次

第一章　史前時代的生死

第二章　歷史時代的他界觀念

第三章　太陽崇拜與轉生

敘　論

生死大事

多數舊友已返歸九泉之下，今日此時身畔愈發感到寂寥，我似乎也同樣到了必須認定自己生命極限的時候吧！

最近，我遭逢舊制高校時代同期某一學友之喪。他出身名門，祖父是日本酪農業的先驅，父親為大農場的主人，他自己也順利邁向菁英之途，當上大公司的總經理。他在家庭方面也得天獨厚，與賢妻相處和諧，兒子們各自畢業於一流大學，已在大企業就職，女兒們已嫁為人婦，生兒育女。他的生涯既無差誤也未失敗，從未經歷衣食困乏的滋味，更未品嘗過無家可歸之流浪漢的悲哀。

企業隨著經濟「高度成長」的浪峰乘勢繁榮，他作為經營者的手腕與才幹，頗受業界高度的推崇。但就在事業飛黃騰達的高峰，突然病倒了。病名並未讓他本人知道，卻是要命的惡性腫瘤。病勢日益惡化，使他聲音瘖啞，身軀會間歇性地陣陣抽痛，連正坐都無法忍受。於是立刻送進醫院接受治療，然而卻看不出有漸趨好轉的跡象，病痛仍未減輕。他辭掉職位來延長療養，斷絕一切公務關係，唯有躺在病床呻吟，情形正如古詩所吟「一朝臥病無相識」。他一向經常周旋於達官顯要之間，席不暇暖，事到如今似乎才想起我所說的「無用之人」的存在，便不顧病痛寫信給我，提出以下的問題：

我一向為世事所纏，每天匆匆忙忙過日子。為完成本身的職務，全力以赴，以致缺乏照顧自己的寬裕心情，幸而事業順利進展，經營的基礎也很穩固，因此即使我現在引退，公司目前也沒有妨礙。另外，家裡孩子們總算長大成人，所以萬一發生意外，也沒什麼後顧之慮。

只是，倘若這樣獨自躺在病床，默然無言，便無奈地頻頻感到心靈的飢渴。迄今自己的一生果真是什麼？這個自己究竟是何人？不得不被這些深深的疑惑所困擾。請您指點迷津，今天如此棲身在這裡的我，說來究竟是什麼？……

這是個相當抽象而含混的問題。「這個自己究竟是什麼？」如非禪僧，怎能立刻加以回答。尤其像我這樣的野狐禪，若能回答這個問題，豈非欺人之談？尤其是，對方是否真的期待我回答也頗有可疑。想來這種問題只是捱苦的人不具意義的大聲呼叫，有如痙攣的發作而已。在此情況下，我所能做的寧可只是親自去探望他，特意藉著閒聊，不著痕跡地將他的關懷再度帶回日常生活之中。

在設備齊整、有點類似高級旅館的醫院裡，受到完全看護的他，由於周圍潔淨環境的襯托，容貌看來反而顯得悲慘。他像木乃伊般的乾枯，面容已經浮現著死相，借助特殊坐藥❶的作用來勉強抑制劇痛使他臉上露出歪曲的表情。他對我所預備的不礙事的閒談顯得漠不關心，用近似呻吟的瘖啞聲音，仍然重複與書信相同的問題。

　　您不指點我嗎？這樣子的我究竟是什麼人？

但是，那個極為觀念性的問題如果也從垂死病人用說不出聲的耳語細訴，便具有與書信字面不同的真切感而逼迫著我。

❶一種插進肛門的藥劑。

這個問題對我們人類而言是個永恆的課題。自古以來，世上的哲學家與宗教家為解答這種疑問而苦惱不已，不過，恐怕還沒有人把這個問題弄清楚吧！我自己本身對此也不清楚，不知要如何回答。再說即使有人對此提出答案，這是他個人的心得，應該不屬於您自己的答案。

我近似冷淡的說法，大概一定會讓他失望了，不過，他對此卻也默然頷首。我接到他的訃聞是這件事之後不久的事，然而從那時起，他的問題這回也成為我自己的「虛空之聲」，恍如幻音一般鳴響不已：

「這裡如此這般的這個我，究竟是什麼？」

想起自幼迄今，在讀過的眾多書籍裡，其中有些話語始終讓我銘誌不忘，那便是《方丈記》裡的一節：「會生會死的人，不知從何處而來，不知往何處而去？……」以及《撰集抄》的某段文辭：「究竟死後往何處去？又會停留在什麼場所？生生不息，不知生之始；不斷死去，不知死之終。」

另外，十二世紀波斯詩人奧瑪爾・海雅姆(Ūmar Khaiyām)的「四行詩」中，更有傑作：

不問「從何處來」，快來到這裡
不問「往何處去」，快離開這裡
啊，我好後悔哪！賜給我天神之酒
讓我忘掉如此無禮的記憶吧

昨日，為今日的狂亂預作了準備
明日的死默、凱旋，絕望地
喝吧！你來臨的時候，不知其故
喝吧！你逝去的時候，不知其故

啊！冥府的威嚇，樂土的期望
可以確定一件事——我的生命在飛逝
只有一件事可以確定，其餘全是虛偽不實
一度綻開的花朵，應當永遠地消逝

由此看來，這豈不是在我潛意識的谷底，迄今為止不斷在探詢的主題嗎？然而我卻埋首於日常事務之中，怠於去認定它，故意去迴避它，將它視同等閒，如此應該可說是「逃向現實」。可是，碰巧發生了老友死亡，如今讓我從「逃向現實」翻然回歸原來的自我。一旦加以正視，不知何時會吞噬我們的深淵不就經常存在於腳底下嗎？現在我必須鼓勇對此問題追根究柢，已經不容猶豫了，這正是「生死事大，無常迅速」啊！

客體之死

科學教導我們思考生命的起源，必須追溯到太陽系從拉普拉斯（Laplace）星雲分離出來的時候（即使這個學說會受到批評）。

在遙遠的古昔，由於某種特殊條件，在某一微妙的瞬間，無機物的複雜組合合成了有機體。不久，有機體具備了核、原形質與細胞核，形成一個細胞，生命在此原形質內不斷地運動、變化，細胞開始分裂、增殖，在這種增殖的過程產生了多細胞的個體。個體各自朝向一切可能性，重複盲目性地「試行錯誤」，唯有極少的合適者生存下來，其餘的便滅亡了。這種生物一再進行分化，從只有三葉蟲與歐姆貝棲息的陰暗時代，經過悠久的地質時代，方始出現擁有自我意識的生物與人類。

但是，機能進行高度分化之同時，個體變得愈發脆弱而不安定。個體會生病、衰老，並且毫無例外的會死亡。死亡的個體仍可藉「種」繼續傳宗接代生存下去，不過這個種仍難免於「系統死亡」，像中生代滅絕的恐龍與菊石類，後來即堆積成昔日地層中的灰色化石而已！關於人類個體的死亡，大致是遵循下述的途徑進行（自殺與遭遇突發性的災禍另當別論）：

首先，由於血壓降低開始喪失意識，知覺也跟著麻痺。呼吸奄奄一息，一面重複心病性氣喘❷，一面鼻翼張開，嘴唇像浮上水面的魚那樣一張一合，但不久之後也會突然停止。在此之前，脈搏會持續著若有若無，心臟間歇性跳動，但心跳暫停之後大致仍會殘留微弱的搏動。

此時意識混濁有一定的順序，先是喪失味覺與嗅覺，接著視覺消失，只暫時殘留聽覺。這個時期眼前變得昏暗而看不見東西，可是卻能清楚聽到他人的說話聲音；對家人的感情並無變化，有人甚至能預知自己的死期而向家人告別。

意識混濁的緩慢過程，起初會發生輕微的意識障礙，此後逐漸感到睏倦而變得很愛睡覺，

---

❷ 心病性氣喘即陳施氏呼吸（Cheyne Stokes 型呼吸），它的特徵為呼吸深度漸次增加到最高量後，逐漸減弱至呼吸停止。

清醒時也似乎分不清是夢是幻，尤其是即使在短短的一天當中，垂危者精神上的清醒與昏昧狀態也有種種的變化，終至順口說些不知所云的話，或者把夢中看到的事當作是真實來敘述——那些夢境大都源於過去的往事或內心的願望。在睡醒時會感覺遲鈍，經常感覺不出些微的刺激。

再者，有時不大說話，即使別人探問也不回答，或採取無意義的拒絕態度；思考上常會發生錯誤，心平氣和地說些互相矛盾的事，也分不清過去、現在、未來的區別，把過去的事當成今日發生一樣的訴說。剛說的話，轉眼即忘，陷入幻覺或錯覺之中，會認錯人，終於睡眠時間逐漸加長，最後陷於昏睡之中。不久，嘴唇、指甲、口腔黏膜等因血液缺氧而顯現淡紫色發疳病（Zganose）的徵狀，角膜欠缺反射，腦波消失。瞳孔放大著而眼神呆滯，經過三、四個鐘頭後便失去生氣，開始呈現模糊、白濁。

死者的體溫隨著空氣溫度而變冷——冬天每小時降低一度，夏日則每小時降低〇・五度。儘管如此，經過一、二個小時之後屍體還是會開始僵硬——心肌、橫膈膜肌最先硬化，其次為下顎、頸脖、肩膀、胸、腹等處，最後延至上肢與下肢。手腳的關節變硬之後就不易彎曲，死者若手裡握著東西，便取不出來——屍體依照氣溫以一定比例迅速僵硬，生前愈是強健的人握得愈緊，小孩或衰弱的人握力就較輕微。

另一方面，屍體貯存的血液擴散為體表紫紅色的斑點，這是血液由於重力作用顯現於屍體下方部位的皮膚，經過十二小時後便擴散至全身。僵化在三十六小時內與氣溫有關係，在第二或第三天便無關係，但屍體也同時開始腐敗。

這是由於體內氧氣的自身融解與細菌類分解所致。下腹部的皮膚呈現青藍色，冒出腐敗的水泡，因體內產生氣體而腫脹起來的屍體呈現所謂的「巨人」現象。《古事記》的撰著者，用象徵性而又陰森逼人的語言如此敘述：

> 點起一把火入內一看，但見聚集黏糊糊的蛆蟲，頭上有大雷，胸膛有火雷，腹部有黑雷，陰部有析雷，左手有若雷，右手有土雷，左腳有鳴雷，右腳有伏雷，加在一起共有八個雷神。

這個腐爛屍體的身後處理，是由鳥、獸、蟲等各種大小動物來承擔。禿鷹、烏鴉、野狗、鬣狗、甲蟲、蠅、蛾、羽隱蟲、埋葬蟲、閻魔蟲等這些動物，在人類國度被稱為「分解者」或「清道夫」，牠們的某些性質可視為神聖。

首先，最早來的弔唁客（也是其中最討厭的）是金蠅、黑蠅這類蠅群。這種飛蠅無論什麼場所都能隨時迅速將卵產在暴露的屍體上，卵一會兒便孵化成蛆，在屍體上糾纏。大約過了一個禮拜，成長的蛆便離開屍體，鑽進地中化成蛹。蛹再經過一週，便鑽出土中變成蠅，再群聚在屍體上。

藉由這種污穢的循環，遂使屍體失掉原貌，變成一團蠕動的蛆。而且，再加上各種小動物的侵襲，屍體若是放置在地面上，不到半年便化為白骨；埋葬在土中的屍體需要三、四年才能化為白骨，這種白骨不久會腐蝕而使骨質變壞，數年之後形骸也會崩散。總之，以上所述是人類客體可以捕捉到的生死現象。中國春秋戰國時代的道家——列子（他的歷史真實性尚可存疑），在他的〈楊朱篇〉裡如此敘述：

十年亦死，百年亦死。仁聖亦死，凶愚亦死。生則堯舜，死則腐骨；生則桀紂，死則腐骨。腐骨一矣，孰知其異？且趣當生，奚遑死後？（且趕快去面對當前的生活，那有閒暇去憂慮死後之事？）

我們將生死當成客體來捕捉時，死只是生的終結，並無其他的含意。若認為死是這樣全部回歸無，因此人生終究是沒有意義的，人世的一切都枉然，如此就會否定現世的一切價值。

偉大的人物、高貴的人物、卑微的人物、醜惡的人物，如果最後都消逝成為一堆腐骨，往往會讓人因而懷疑偉大與高貴果真有何意義？死後既非善也非惡，既非美也非醜，離開肉體便無精神，死後的生活就不可能。一切消逝，一切受到赦免——這是最容易讓一般人接受的論點，是非常適合某些人們的妥當想法。

腐骨一矣，孰知其異？（腐骨都是一樣的，誰知它們有何不同？）

這句話往往被那些不被社會接受的人、憤世嫉俗的人、性情乖僻的人、無力反抗的人、劣敗的人等用來作為辯解之辭。毫無疑問地，列子自己萬沒想到這句話會被後人用來助益這種廉價的虛無主義，因為他在別處又說：「太古時候的人，知道生是暫來，知道死是暫往。」死並非終點站，因為「暫往」即是暫時離別的意思。另外，也有人認為：「死不是滅絕，人的生命能由子孫繼承下去。」不過，這仍是基本上相同的生死觀，只不過是將前者膚淺的厭世主義翻轉為淺薄的樂觀主義而已。

個體的一代死滅，卻能以種的方式繼續生存在子孫之中——這種思想大概可以說是「生物學的生死觀」吧！然而這樣也是錯誤的。不論究竟是「遺傳」或「染色體」，子女是沒道理會原封不動地繼承父母的形質的，如此期待只是迷信種族維持之本能的人一廂情願的自私願望罷了。

我們個人不過是太古以來張掛至今日之錯綜的系統網中一個網結而已，從我們往下持續的網結，是由另外的網結發展而來，我們個人的形質只是如此這般無限地擴散到子孫之中。因此，子女當然有與父母不同的人格，儘管應該如此看待，然而世間的父母親往往仍會陷入不當的「同等看待」的錯誤中。

《未知者——人類》的著者法國外科醫生卡雷爾，採取雞的心臟組織片持續加以培養，成功地養活了三十年。那些相信藉由子孫可以獲得永生的人們，其想法無異相信這隻雞不會死一樣。再說，即使個體的形質能在種之中承繼而使種族繁榮，這個種仍然不能避免前述的系統死亡。從這層意義來看，身為幾乎將會滅亡的我們人類，與十七世紀馬達加斯加島上絕種的阿呆鳥究竟有何不同？

死的否定

把生死當成客體來捕捉時，為何會陷入膚淺的虛無主義或沾沾自喜的樂觀主義呢？作為客體來加以捕捉的死的樣相，的確悽慘得既令人厭惡又讓人畏懼——臨終顯現苦悶、衰疲的容貌，死相的怪樣，冷卻變色起來的遺體，發出腐臭而正在解體的死屍，在秋冬的強風中發出枯乾響聲而滾動著的荒野曝露的骸骨。

與此對照，作為客體加以捕捉的永生，便有輝煌的光怪陸離景象。那兒有繼承自己遺志來加以完成的後繼者洋洋自得的身影，為自己建造的華麗墓園，為弔祭自己的菩提❸而舉行的盛大法會，興旺的一家人與子孫們似乎很幸福的笑聲。然而，這些都是迷妄的。作為客體加以捕捉的生死，它若是具體的，在某種程度上對他本人而言是抽象的；它若是現實的，在某種程度上對他本人而言是虛幻的。

總之，因為這是別人的生死，並非自己的。現在假定生前去預測自己的死，那也僅限於想像，因為死後一旦蛆蟲將要糾纏自己的屍體，也非他本人所知了。

還有，生前若對子孫有怎樣的期待，那也不過只是願望而已，因為死後子孫供獻自己的感謝、追悼詞句將會包涵多少真實性，他本人也聽不到了。因此，我們所掌握的個體總是別人的生死，所以我們不能就此建立自身的生死觀。若不能捕捉客體之死，它便立刻擴散得無影無蹤；可是，若不能主體性的掌握死亡，它便凝縮成微小的一點，不久就消失了。紀元前

❸ 菩提為佛經中「洞明真諦而覺悟」之意，即解脫人世苦難。

四世紀希臘的哲人伊壁鳩魯 (Epikuros) 在給友人的書簡中如此敘述：

死對我們而言，什麼也不是——讓身體去適應這種想法。大概一切的善惡都依賴感覺，但死恰好是剝奪這種感覺，因而就此點來說，死對我們而言什麼也不是——對此有了正確認識，死應該才讓生顯得是愉快的事。這種認識也不會添加死後無限的時間，寧可說是反而消除了不死的嚮往。而即使變成沒有生，也就不會產生什麼讓人害怕的事——對那些心中有如此理解的人而言，生的時候就沒什麼可怕的事了。因此，「實際來臨的死亡，或許並不如自己所害怕的那樣痛苦；倒是預想死的來臨，會在現實上帶來痛苦。」有人說這類話語，也就沒什麼意義。若是死實際降臨也不會給予痛苦，那麼在預想時它給予的痛苦也不過是說說而已。如此一想，在多數的災禍之中最令人感到害怕的死，實際上對我們來說，也就變得什麼也不是了。至少在我們活著的時候，死並不在我們身邊，而當死降臨時，我們已經不在世上，因此，所謂死便是對於生者、死者都同樣是無的東西。因為生者的周圍並無死，而死者已不在人間了。然而，世上大多數的人們，有時把死當成最大的災禍來逃避，有時則當成人生種種災難中的休憩處而期望它來臨。不過，賢者既不拒絕生，也不害怕生的消失。畢竟對賢者來說，生既非煩膩的事，生之消失也不是災禍……

伊壁鳩魯的態度，與專心致力於日常事務而忘掉死這回事的人們並沒有什麼不同，差別只在於他一面意識到死一面仍保持心境的平靜，而人們則沒有意識到死。可是，這個伊壁鳩魯似乎最初內心也不平靜，「預想死的來臨，在現實上帶來痛苦——有人說這類話語，也就沒什麼意義。」從上述片斷的陳述也可窺見，對死的預想最感苦惱的，豈非伊壁鳩魯而非他人嗎？一般認為他的哲學始終是想要擺脫死亡困境的產物。

他認為死對人類的生存而言等於「無」，就算它來臨，也決不會以清晰的姿態現身，活著的人是決不會與那個披著黑長袍、插上大鐮刀的可怕骸骨迎面撞見的。他以此來否定死，這有如父母哄勸害怕某物的小孩的態度一樣。伊壁鳩魯這種「我在的時候死不會來臨，死來臨時我已不在」的生死觀在邏輯上大致合理，但是其中某些地方不免讓人想起詭辯家的詭辯味道來。就生死而言，縱使像伊壁鳩魯一樣的達觀，藉著邏輯所到達的覺悟，也不容否認其中有脆弱之處。由於我們人類的現實生活不會全都用邏輯來判斷，因而具有自我意識的人類，即使一旦為伊壁鳩魯所說服，就算在邏輯上想接受他的說法，還是不能免除死的不安。

有則老生常談的比喻，說我們之中的大多數有如在遇難船隻的底艙悠然自在地吃著飼料的一群家畜，由於我們看不見外面時時刻刻正在逼近的危險，所以每個人都覺得很平安。我們把生死當成客體來捕捉，然而只要它不發生在身邊的人之間，內心便不會受到擾亂。可是，迄今為止一直朝外的意識轉而向內時，自己便分裂為主體與客體，在這種情況下，便能意識到自己是主體同時也是客體的自我矛盾。

若以存在主義來說，便是「在這個矛盾的間隙，虛無趁虛而入」，而這個「虛無」才是主體性捕捉到的死亡面貌。從腳下洞開的深不可測的虛無之淵颳上蒼白的火焰，將日常世界照得變形而顯現不合理的奇形怪貌，不安無非便是這個不合理的直觀。依靠伊壁鳩魯來否定死，不過是利用他那磐石一般的理智來堵塞這個虛無而已。

現世的擴張

我們不能理解這個世界，也不了解世界上其他的人。這個世界的法則僅在於它的或然率，與我們具有相互關係的世界以及個別的人際關係都屬偶然，是拒絕被理解的。說起來我們與這個世界的關係是沒道理的，在這個沒道理的人世上，我們不能預期自己行為的結果，也就是沒有報償。想要死卻不會死，想要活卻不能保全性命；行善不見得獲得報償，行惡也未必獲得懲罰；好人餓死窮巷，壞人卻顯榮於世。《傳道書》有這樣的記載：

我在這空虛的世間見過各種事情，義人行義卻滅亡，惡人行惡卻長壽。

我在太陽底下也看到進行審判之處有邪惡之事，實行公義之處有邪惡之事。

總之，在這個沒道理的世上，「善有善報，惡有惡報」的因果報應道理並非通行無阻。只要在行為之中貫徹主體性，依據這種行為本身來獲得報應的那種高度理論，單憑這樣很難讓人理解我們的倫理觀念。這就是說，我們的生命若只限於這個現世，那一切就顯得沒有道理、難以理解而且「不合算」了。再說，是什麼原因讓某些人生而高貴，什麼原因卻讓某些人生而有所差別、受人藐視呢？何以有些人得天獨厚生來就健康而漂亮，而有些人卻體弱而醜惡，甚至還有生而殘障的？何以有些人生在富裕的家庭，有些人卻生在貧困的家庭呢？

而且這種問題除了人類之外，若再推闡到一切眾生，疑問便擴展到沒有止境。地上奔走的走獸為何成為走獸？天空飛翔的鳥禽何以成為鳥禽？在水中游泳的魚、在土中蠕動的蟲、蔽天大樹或在風中擺動的蘆葦，何以是魚、是蟲、是樹、是草呢？這個世界若僅限於現世，便找不出任何的措辭來回答。為了回答這樣的疑問，便有必要將這個現世往過去與未來擴展，這就是過去世、現在世、未來世的三世思想。

不過，這種思想首先必須確立「我」的常住性，此即今日的「我」是緣於過去世的業報而來的，而這個「我」說不定不久也將死滅，但死並非結局而是走向新生之途。總之，我們的行為不只終止在這個現世，死後仍會存續，接受相應的報償。如此一來，肉體的死滅意味著什麼？離開肉體的「我」將會變成什麼？這裡當然引進了「靈魂」的觀念。

肉體滅亡，但靈魂殘留。肉體說起來有如靈魂穿著的衣裝，在某種情況下甚至被認為有如拘束靈魂的牢獄。在原始民族的信仰裡，人們作夢或神志昏迷時，通常被認為靈魂暫時離開肉體出外徘徊漫步。靈魂多數的情況下被認為有如氣息一般，但即使斷了氣靈魂也不一定立刻就會離開肉體，這時的肉體大概是處於非生非死的狀態。日本古代有「叫魂」的風俗，認為離開肉體的靈魂（即所謂遊魂）會漫遊在住家附近，這是要把它呼喚回來的習俗。

近親不只會在死者臨終的枕邊呼喚他的名字，還會站在屋頂上、樹上或住家附近高丘的石頭上，不斷大聲呼叫死者的名字。死者埋葬在墓地之後，靈魂還會繼續徘徊在幽明兩界之間，經過四十九天才逐漸安居在冥府裡。此時近親可依賴巫女施術把死者的靈魂從冥界招喚過來。冥界的靈魂按照死者生前的所作所為來轉生為各種生物，有的投胎在人間，有的託生為昆蟲、鳥禽。日本在萬葉時代（約西元四～八世紀）似乎已有這樣的思想，大伴旅人在一首讚美酒的和歌中如此吟唱：

在這個世上若有快樂，今生我比昆蟲、鳥禽更勝一籌。

在人類的靈魂轉生為人的情況，似乎自古以來多數的民族都會認為死者會重新轉生為他們部族的一員。日耳曼等民族認為小孩是祖先的轉世，因此祖先若名為「喀爾」，生下的小孩也就命名為喀爾。可是，原始人不了解自己的輪廓，將周遭的自然與自身交織在一起而互相融合，人死後再轉生為人毋寧說是種特殊的狀況。這是因為在他們古老的心性裡，認為山川草木、森羅萬象、動物與植物，甚至連不會活動的岩石，也都跟人類一樣具有靈魂，像人類一般會思考、喜悅、憤怒、悲哀、呼叫、歡唱。

古埃及人認為死者的靈魂變成老鷹或燕子飛翔，最為理想，因而出現了人首鳥身或鳥首人身的神祇。古印度也根據吠陀 (Veda) 經典的教條，認為生前做了壞事的人，死後按照他的業報會託生為狗、豬、昆蟲、植物等等。古希臘的文獻似乎也認為高尚的靈魂死後會返到理想的世界，而墮落的靈魂則轉世寄宿在人類或動物的肉體裡。羅馬人也如長篇史詩《伊尼厄斯》(*Aeneis*) 所敘述的那樣，認為善良的靈魂死後飲用雷特河的水便會忘掉過往的生涯，照自己的喜好轉世為地上的肉體；但邪惡的靈魂則永遠囚禁在冥府裡，必須像影子般的過日子。

不過，這裡想要強調的是務必認清這種「轉生」與後面敘述的「輪迴」有所不同。轉生只是靈魂從一個活體轉移到其他的活體，相對於此，輪迴則是重複生死，意味著「像火輪的旋轉」一樣沒有止息的時候，與「流轉」的意義相同。可是，這兩者經常被人混淆，認為起源於印度的「輪迴」與緣起於古代太陽崇拜的「轉生」是同一回事。

古代世界的輪迴思想很奇怪地僅產生於印度與希臘，這種現象果真是偶然的巧合？還是從一方傳播、移轉到另一方？再者，它的起源又如何？這些都是目前我們所面臨的重要課題。另外，認定「我」的常住性而讓「我」超越肉體之死投胎轉生、不斷流轉不息的這種思想，果真能解決「生死」的問題嗎？或者它僅是為了解說責任、審判、贖罪、報應、救濟等這些宗教性倫理觀念的方便而出現的說法？這些都是本書想要探討的問題。

第一章　史前時代的生死

對於死者的感情

關於古代人們「死與他界」的思想，我們今日尚能從《死者之書》或古印度《馬努法典》(*Manu-smrti*)、《奧德塞》(*Odysseia*) 以及巴比倫的《冥界女王 (Ereshkigal) 神話》等諸書中窺探而得。可是，這些都已是歷史時代的觀念，史前時代的人類這方面究竟抱持何種想法，實在很難知曉，我們只能從埋葬在過去地層的墳墓中，藉由葬制習慣的探索，稍微推測到一些概況。

葬制的概念牽涉廣泛，我現在要談的主要限於葬法。這裡所說的「葬法」，即指屍體的處理方式。屍體埋葬的種類有土葬、火葬或曝露在山野的風葬，但同屬土葬也有屍體直接埋葬與斂入棺材埋葬的分別，而斂屍入棺又有木棺、陶棺的差異；再者，屍體放置的姿勢，伸展的情況下頭枕的方位、殉葬品的有無等，都具有某種含意。

這種習俗的多樣性，究竟根據什麼呢？一般認為它們大致與民族、文化、風土、時代等因素互有關連。再者，即使在同一民族裡，也會因死者所屬的身分、階級、職業、貧富、年齡、死法（病死、突發事故死亡、死於非命）等差異而表現不同的習俗。並且，儘管外觀上有這樣的多樣性，有些風土、文化與人種不同，地理上也相隔遙遠的集團之間，葬法看來卻驚人的類似與一致；而相反地，有的同一集團之中屬於相同階級的死者之間，有時葬法看來卻完全不同，其中的原因何在？

這種習俗恐怕是一方面基於人類存在的根源，另方面由於生者對死者所具好惡相剋的雙重矛盾感情(ambivalenz)而形成的吧！

瑞士精神病學家布洛勒(Eugen Bleuler, 1857~1939)從研究精神分裂症患者的性情中注意到，同一個人卻同時具有相反的感情、欲求、意志與行動，並且這種情形不只限於精神病患者，在正常的人之間也看得到，為生物一般的根本傾向。例如若以感情的雙重矛盾來說，心裡對某樣東西動起愛好的心情，與此同時又產生完全相反的厭惡或憎恨的心情；再就意志上的雙重矛盾來說，若被催促著必須做某事時，另方面同時便產生想做某些事來加以逃避的傾向。

這種心理機制明顯地互相矛盾，但這個矛盾並不能互相抵銷、解除，而徹底是並立、共存的矛盾。在這種情況下，相反的感情或相反的意志是等值的，它們的抗衡力量經常相等。因此，當某人愛慕某一對象之同時又感到憎恨時，其中的任何一種感情都是真實的，都不能說是虛假的。現在如果用這種雙重矛盾來思考生存者對死者的感情，那麼倖存者以無比的悲傷之情悼念死者之同時，也會產生與此同樣強烈的厭惡死者之情而想逃避。

今日在發生不幸的喪家門口，將竹簾翻過來懸掛，上面會貼上忌中的牌子。這個「忌中」的「忌」，只是人們將忌諱死之污穢的方式加以觀念化，讓人不會特別感到內疚的過日子，但其實忌諱的是已成冰冷的屍體而橫躺在那兒的死者本身。不論是家族或近親好友，倖存的人都同樣以悲泣、慟哭的方式來悼念故人，或者藉由不斷呼叫死者的名字，想把他的靈魂呼喚回來，說不定還會弄傷、抓破自己的身體，捶胸頓足長嘆良久呢！

這種過分誇大悲哀之情的表現，在古希臘甚至曾引起像梭倫(Solon)、柏拉圖那些賢者的鄙視，但這原本發之於哀惜死者的真情則不容置疑。另外，在古代實行的所謂貴人逝世時的殉葬，其後被制度化，強迫不情願的自殺陪葬，即使多數的人飲恨自我了斷，其中說不定有些人是因過於追慕主人而自願以死殉葬的。在往昔的印度，丈夫死時，妻子在亡骸舉行火葬之際活生生地縱身跳入，這種必須誇示自己貞潔的所謂「撒提」(Sati)，亦即寡婦殉死的風俗，看穿這原本也是丈夫為防止妻子毒殺的策略是另一回事，但也可以說是出於妻子在這個人世上以丈夫一人為生存意義的純愛。

另外，在古代的羅馬還曾流行一種近似招魂的儀式，臨終之際近親家屬重複大聲呼喚死者的名字，躺在死者身上吸吮死者的嘴唇；或者像日本兵庫與鳥取部分地區所實行的那樣，唯有近親的人通宵聚集，與死者最親近的人則整晚跟屍體睡在同一條被褥裡，是種「在旁陪睡、徹夜看護」的習俗（極端的情形便像野蠻部落間所實行的那樣，特意將死者的分泌液塗抹在自己身上），這些都不妨看作是生存者想要跟死者維持持久關係之願望的一種表現。

但在另一方面，與此相反地害怕死者、嫌惡死者的污穢，想早一點擺脫死者的羈絆而把他送到另一世界的意向也同時顯現。最能表現這種意向的便是火葬，採用土葬時，屈葬便是其中的代表。火葬在野蠻人的可能葬法之中，是破壞屍體最徹底的處理方法，火葬之後再也不怕死者會以生前同樣的容貌出現在眼前。

至於屈葬的場合，屍體的骨骼不是先被折屈，便是手腳被五花大綁捆起來埋葬。也就是讓死者身體不能動彈，這是為了防止死者從墳墓溜出在附近徘徊。這種情況與招魂儀式相反，口裡說出死者名字當然便成了禁忌。此外，日本從繩文時代（新石器時代）的遺蹟發掘到的屍體，還讓被屈葬者抱著笨重的石頭，頭部蓋上陶器，這種周到的處置應當也可看成是同樣思想的表現。

如此說來，墳墓立上石碑，我們認為是讓現在以至後代的人追念先人的銘記，但它的起源恐怕確實是為了避免死者再從地下爬出所放置的重石呢！出殯的時候，不從平常出入的門戶送出，或從窗戶運出，或從特意鑿穿的屋頂、牆壁送出；或者送葬之後，決不回頭向後看，循經與來時不同的路徑回家，消除足跡之後才步入家門。以上種種風俗，都是為了避免亡靈跟蹤會葬者返回的一種禁咒。

死者的所有物當成殉葬品，生前所用的食器加以打碎，這也是顧慮亡靈會依戀這些用品而返回的預防措施。而且，雖然這種對死者的兩極性情感等值，但多數的情況並不會按照原形顯現。這就是說，一方顯現他方便潛藏，或是彼此交互出現。從葬法來說，想要了解有關史前時代「死與他界」的觀念，無論在怎樣的條件下都必須留意它的根底潛藏著這種感情上的雙重矛盾。

食人俗

如果現在將「葬法」這個概念的某些宗教信念與他界思想抽出，單只限於屍體處理的話，那麼食人的風俗仍然也是一種葬法，不得不說它是葬法之前的葬法。根據沙繆爾（W. G. Summer, 1840~1910）《習俗篇》的說法，世界上的所有民族，野蠻人不用說，連今日稱為文明人的民族，都必定一度歷經食人俗的時代。又根據皮耶特（E. Piette, 1827~1906）的說法，追溯到遙遠舊石器時代的第四期，可以探尋到食人俗的痕跡，但恐怕它必定是與人類的發生同時並起的一種古老風俗吧！即使進入新石器時代，在瑞士的湖上民族也看得到這種遺風，蘇格蘭、西班牙、北非等地也有，這是在考古學上已被確定的事。馬雅民族以俘虜與奴隸為犧牲祭品向神獻祭時，先得供上犧牲者的心臟，然後祭司與參祭的眾人才圍住祭品擺設食人之宴，便是其中的典型。

現在可以看到的食人俗，有中非、馬來群島、大洋洲的美拉尼西亞群島以及南美的一部分，大致以赤道南北十度以內的地區為限，但曾經被目為世界文明發祥地的古代埃及、希臘、印度，甚至連禮義之邦的中國，在文獻上都可看到有這類事。《史記・殷本紀》記載：「九侯有好女，入之紂。九侯女不憙淫，紂怒殺之，而醢九侯。鄂侯爭之彊，辨之疾，并脯鄂侯。」這段話說，暴君商紂知道九侯的女兒是位美女，便將她召入宮中。九侯的女兒不好淫蕩之事，結果激怒了商紂而將她殺了，又遷怒九侯，殺了他後將肉醃起來製成鹹肉。鄂侯認為這樣傷天害理，態度強硬地與商紂爭辯，商紂盛怒之下連鄂侯也殺了，將他的肉製成肉醬。這種「脯醢」是極為殘酷的刑罰，由於是將人殺了製成乾肉或鹹醃，不妨看作是食人俗的遺風。

那麼在自命為東洋君子國的日本，情形又如何呢？明治十年，被東京大學聘任為客座教授的美國生物學家莫里斯，在他留日的兩年之間發表了一篇〈大森貝塚的調查報告〉，其中便暗示日本在太古時期也有食人的習俗。

莫里斯教授最初在大森貝塚之中發現到與山猿、野鹿的骨頭混在一起的散亂人骨，認為也許那是古代墳墓的遺址，可是不久仔細加以研究之後，卻發現這些人骨全與獸骨一樣，骨髓被抽空，可能是為了便於放在鍋裡蒸煮而被折斷，不易析離的肌筋似乎殘留用銳利的石錐或石刃削去的痕跡。而且，這種情況與懷伊曼調查佛羅里達貝塚所作的報告若合符節。總之，莫里斯在大森貝塚所看到的人骨狀態，的確與在世界各地貝塚的食人俗遺蹟同出一轍。其後，莫里斯又到日本南部的貝塚進行實地調查，結果令他更加確信古代的日本有食人俗的風氣。

原日本人的人種定位直到今天還不清楚。當真是來自蝦夷人(Ainu)？還是大陸渡來的通古斯族？抑或是乘著黑潮到達的美拉尼西亞與馬來系的海洋民族？或是這些族群混雜的複合民族？雖然眾說紛紜，真象難明，但如上所述，美拉尼西亞與馬來西亞現在仍有食人俗，並且蝦夷人經過伯伽樂(John Batchelor, 1854~1944)、普洛伊斯（L. Frois，一五六三年至日本）等人的考查，後來證明也有這種習俗。

那麼食人俗的起源果真由何而來的呢？以下要談的才是書歸正傳的「吃人的故事」，將它說明之後，恐怕任何人乍聽之下都會不相信呢！不過，連這種令人厭惡的野蠻風俗之中，都有那曲折的雙重矛盾心理在發生作用，說來的確頗富興味。因為這種心理的一個極端具有兇猛的憎惡與同仇敵愾之心，而它的另一個極端卻充滿熱烈之愛與尊敬之心。

斯坦因米奇 (R. S. Steinmetz, 1827~1867) 將食人俗大致分別為「族外食人俗」與「族內食人俗」，如此正好與婚姻制度中的「族外婚」、「族內婚」互相呼應。對原始人來說，要讓復仇顯得完美無瑕，便是要打倒敵人，貪婪地吞食他的肉體，將那平日可怕勁敵的體力、威力奪取到自己體內，同時又讓他的靈魂滅絕；至於吞食同族的肉，則是要用己身來繼承那尊敬、憧憬而又羨慕之人的神祕力量、勇氣與智慧等。這是對殺掉了他還不足以洩恨的敵人懷著強烈的憎惡之情把他吃完，又是對於愛得片刻也難分難捨的伙伴，藉由吃他的肉來與他永遠合為一體。原始人說不定還像交尾後立刻被雌性吞食的雄螳螂那樣，被所愛的對方吃掉，正如為了保護仔貓的安全反而將牠吃掉的母貓一樣，說不定對最愛的人才會吃他。希羅多德❶曾經傳述，住在裏海東北部的某一族群，有讓老人安樂死之後，把他殺來食用的習俗；斯賓塞・基蘭的報告中也說，澳洲中北部沿岸的某一部族，所愛的人若死了，會食用他的一些肉體，

❶ Herodotus, 480~425 B.C.，古希臘歷史家，被尊為歐洲歷史之父。

將他埋葬在肚裡。

原始人便是這樣，懷著優越與憎惡之感吞食敵人，帶著尊敬與愛情食用伙伴肉體。今天我們不經意之間脫口說出的語彙，像「攻擊敵人把他吞食！」「被對方吃掉」，或者像「吃了他的肉還不足以洩憤！」「吃得連骨頭都不剩」、「咬母親的小腿」（比喻靠父母養活）、「可愛得想一口把她吃下」等等，這些豈非正如心理學家容格（C. G. Jung, 1875~1961）所說的，是種從「集體性潛意識」幽暗的底部間歇性颳上來的食人人種的語言嗎？將父祖的屍體埋葬在子孫的腹中，這也是葬法的一種，即使個體僅一代便終了，也能以種族方式繼續生存，在繁榮的子孫之中期望永遠的生命，若從這層意義來看，那麼說不定這樣可能才是最適當的葬法呢！

對子孫有所期待，因子孫之中繼承自己的資質而感到滿足，藉由子孫而讓自己為人追憶，若和以此為身後理想的文明人之感傷相較，上述原始人的想法豈非更為簡單明快而確實的「永生」觀念嗎？人類相互之間的親密情誼，多數的情況都是藉由共同進食來結交的。飲食即是血緣，在餐桌共同進餐雖只是短暫的時間，卻是彼此分享同樣的血緣。但是，食用自己的雙親，是因為兒子極想變為父母的緣故，若以原始人這種並非必要的單純想法來說，那便是再也沒有比這樣更為密切的結合了。

風葬

自古以來就和食人俗並行的原始葬法便是風葬。將屍體丟棄在原野，曝露在風吹雨淋之中，任其腐化；或是放置著任憑鳥獸來啄食。單只這樣不免讓人懷疑果真能說是「葬法」嗎？這看起來只是把屍體丟棄，因此又名「遺棄葬」，這是在斯里蘭卡的維塔族、蘇門答臘的庫布族與蒙古的遊牧民族之間直到最近還看得到的習俗。

但是，這不單只是把屍體遺棄，它之所以被稱為「風葬」之葬法的理由，便在於不久之後一旦屍體化為白骨，人們會把那些骨頭收集起來貯藏在甕、壺裡，再正式加以埋葬，而形成所謂的「第二次葬」。此時，鳥、獸、蟲與腐敗細菌等承擔把屍體化為白骨的焚屍者角色，由於雨洗風蝕，風雨擔任最後的潤飾工作，所以稱為風葬。

葬風啊，埋葬我吧
同胞兄弟來到我身旁
迷惘的黃昏一片靜謐

唯有土地的氣息漂浮在頭上
我願像汝一樣的自由
再也不想俯仰人世
看哪風，我冰冷的軀殼
不應託付任何人
在幽暗黃昏的承負下
遮蔽這殘酷的打擊
命令水色的霧
為我誦經吧
我孤獨一人，悄悄地
應前往最後的夢之國度
高聳的山毛櫸簌簌作響
歌詠我的春天

在風葬的葬法裡，把屍體直接棄置在山野，和用木板、樹枝與草蓆等物遮蔽起來或裝入簡陋的棺材放置，其含意似乎有所不同。雖然後者讓人覺得對死者稍微較有敬意，但若是預期第二次葬為風葬的本來目的，那麼寧可說前者的方式較為合適。

日本古語把葬儀稱為「はふり」、「奧つ棄戶」（意謂最後的棄置場所）等，這恐怕是意味著風葬為日本古代的主要葬法吧！「はふり」的語源為「放り」，古書《方丈記》有這樣一段話：「化野❷的露水沒有消失。」由此可見古時候大概是把屍體放置在山野的。這是附帶洗骨的二重葬制，今日在琉球及奄美大島等仍殘留這種葬制，淡路島的一部與日本周邊諸島似乎還可以看到它的痕跡。就算沒有洗骨這類習俗，從埋葬地與參拜墓分為兩處的「兩墓制」來看，也不妨認為曾經實行過風葬吧！

像在印尼、馬來西亞與澳洲等處的原住民之間所實行的那樣，將屍體放置在人工的臺座上或樹上，這也是風葬的一種，不過這種情況特別稱呼為「臺上葬」、「樹上葬」。

在溫度高而濕度低的氣候下，臺上的屍體很快就會乾燥而化為木乃伊，因此「臺上葬」自然便轉移為「保存葬」。以人工木乃伊聞名的埃及、祕魯與印加帝國，他們的保存葬也許便是起源於這種「臺上葬」。

❷ 化野原為地名，位於日本京都嵯峨之奧小倉的山麓，後引申為火葬場或墓地。

風葬之中最特異的，大概便是祆教正統派教徒的「鳥葬」吧！他們顧慮屍體會被土地與火弄髒，所以不採行土葬與火葬。他們大都居住在印度孟買附近，正如別名稱為「拜火教徒」那樣，把火看得很神聖。

祆教的教徒們，在人死後用清水清洗他的遺體，裹以白布安置在臺上。在屋裡點起聖火，焚燒白檀、乳香等香料。如此勤行三天之後，身著白色服裝的遺體搬運人便來了，把遺體裝載在鐵製的棺臺搬運出去。送殯行列由兩位僧侶在前引導，迎向舉行鳥葬的達夫曼——即所謂的「沈默之塔」，會葬者也都身著白色服裝，神情肅穆地在後跟隨。

隊伍到了達夫曼，棺臺會暫時卸到地面，讓送葬者向它行永別的注目禮。不久塔門打開，遺體搬運人把棺臺搬進塔內，將遺體身上的白壽衣脫下，投進塔外的坑穴裡。裸露的遺體被安置在塔上等候禿鷹來襲，但這段期間，在塔外列席的會葬者在從搬運人那兒得知遺體已平安無事地安置在塔上後，便為死者祈禱冥福而步向歸途。這種葬法在古代的伊朗已看得到，希羅多德在他的名著《歷史》之中如此敘述：

> 波斯人在埋葬死骸之前，屍體先讓鳥、犬啄食撕碎。我也知道馬喀斯們實行這種葬法，因為他們公開舉行。不過，一般的波斯人是用蠟塗在屍體上，埋葬在土中。

這裡所說的「馬喀斯」，便是祆教的祭司，因此崇拜太陽神的祭司與一般波斯人的習俗似乎不同。

可是，這種風葬的意義究竟何在？把屍體放置在山野，任憑鳥獸、螻蟻啄食，對死者簡直是種冷酷的態度，大概任何人都會認為是無禮之至吧！這樣對飢餓的生物不啻是種慈悲行為，在佛教徒看來便是一種「施餓鬼」，《涅槃經》中雪山童子的「捨身羅剎」與《金光明經・捨身品》中薩埵太子的「捨身飼虎」等，都可說是這種慈悲行為的表現吧！

印度自古以來說不定便有這種思想，但若與風葬的起源相較，那是遠為後世的事，已在文化相當進步的階段。那麼風葬的初始，是否是人死後難以處理，屍體恰像死馬捨棄在「棄馬場」那樣，只是把麻煩拂掉而已嗎？

的確可以這麼說，像上述隨後未蒐集遺骨進行第二次葬的風葬，大致便是這一類。但不能肯定只是這樣，其中還有某種因素，此即原始人樸實的「再生」——不，「變身」思想。他們認為屍體被鳥啄食、為獸吞食、讓蟲蟻蜎集，死者便可照樣變身為鳥、獸、蟲蟻。

變成像鳥、獸那樣的形態，要幹什麼？真無聊！這是文明人的想法，古代人卻不認為鳥、獸比人類更為低劣。豈止如此，在某些情況他們甚至認定鳥獸蟲魚一類是超越人類的神之化身，遠古時代的諸神面貌——鳥首人身、獸面人身等神像，有什麼比此更具雄辯性的說明。

近代的蝦夷人，認為熊是為了施惠於人類而出現在人世的神之化身，便是其中的顯例，熊祭就是要把此神送回那個世界的儀式。在這樣的思想裡，人類就沒有必要轉世為人；再者，由於原始人心性特有的「相融相即」之理，人是鳥，鳥也是人，獸也是人，人又是獸，其中並沒什麼矛盾。「因果報應」之理的出現，是遠為後代的事，因此他們的思想裡絲毫沒有依照自己所犯的罪轉生為鳥獸之類的想法。

葬法所代表的含意

食人俗與風葬說起來應該都是文明葬法以前的葬法，但類似的他界觀念及附帶死者葬禮儀式的葬法，迄今所知當以在法國發現到的舊石器時代中期者為最古。這裡所說「類似的他界觀念」的理由，是因為這個時代尚無「靈魂不滅」這類宗教思想，生與死的境界實在都不確定。法國社會學家布魯爾（Lucien Lévy-Bruhl, 1857~1939）的門生，病態心理學權威的查理士・布朗德魯在他所著的《野蠻人的心理》（*La mentalité primitive*）一書中，歸納其師的說法，如此敘述：

死者居住的那個世界確實存在，但那個世界與這個世界之間，事實上並無明確的界限。死者來與生者混雜，在某種程度上，生者是與他們混淆不分的。在北美洲的蘇族，死者完全彷若生者……。他們並非經常看得見，儘管他們在小屋之中與人同在一起，卻往往只聞其聲而不見其影。人們認為他們能化為形體，從生者之中奪取丈夫或妻子，他們與普通人一樣能飲食、會抽煙……。另外，南美智利的瓜諾（Guano）族人彼此邂逅時，兩人是這樣互打招呼的：「您，活著的人嗎？」「嗯，是活著的人。」

舊石器時代人的心理，恐怕也與野蠻人的這種想法很接近，其葬法與陪葬品若不從這層意義上來理解，稍一疏忽可能就會陷入「文明人的自作聰明」之中。

在法國夏貝爾・奧西恩所發現的墳墓，被認為是舊石器時代中期的遺蹟，墳內骨骸西枕仰面躺著，骨骸的周圍有石器、赭土與破碎的骨片等。金恩（A. H. Keen）在其所著《過去與現在的人類》一書中，就此認為：「很明顯地這是具備儀式的葬法，可以知道是為死者供獻在精靈世界使用的器具與食物。」這裡首先必須注意的是，這種葬法不是遺棄，而是將遺體埋葬在墳墓裡，並且不是原始的屈葬而是伸展葬。伸展葬跟屈葬相比，當然是文化更進步階段的葬法，因為在伸展葬與屈葬裡，生者對死者的感情是完全不同的。

如前所述，所謂屈葬是把屍體四肢的根部及膝肱關節折彎，以恰如蹲踞的姿勢來埋葬的風俗。而多數的情況，會用繩索或皮帶把折彎的手腳結實地捆綁起來，某些場合還會在胸部與腹部放置大塊的石頭，或在頭部蓋上陶鉢。如果顧慮更為周到，還會故意弄傷四肢，甚至加以折斷。這很明顯地是意味著原始人的死靈恐懼，是種防範死人從墳墓跑出來在附近徘徊加害生者的咒術。這種情況下的死者是完全受到嫌惡的，是像瘟神般令人討厭的存在。

屈葬的體位便是胎兒寄宿在母親子宮內的姿勢，這是人死之後採取同樣的姿勢回歸大地母親的胎內。這種說法似乎在部分學者之間流行，但此類說法可說是「文明人的自作聰明」，對於這種鑽牛角尖的想法，筆者難以苟同。大致說來，「大地母親」的觀念原本是農耕文化的產物，為人類察覺到農耕與性的類比之後的思想，不容置疑。一般認為農耕開始於新石器時代，而屈葬則遠在此以前之尼安得塔爾 (Neanderthal) 人所生存的洪積期便已實行，由此看來，「胎兒說」是否成立頗為可疑。

相對於此，伸展葬並未把死者當成惡靈，毋寧說是以尊敬的態度來處理遺體。在後世的葬法裡，身分地位較高者出現伸展葬，而一般庶民則多為屈葬，也可作為印證。在伸展葬的情況，一般認為屍體頭部的放置方位與其民族的他界觀念具有密切的關係。德國南部拜爾倫 (Bayern) 地方諾得里岡鎮 (Nördlingen) 附近的奧夫內德洞窟，裡面發現到的三十三個頭骨，雖然不是伸展葬，但都是以東枕的方位埋葬，這意味著死者特意被安置成眺望夕陽的姿勢。因此，在伸展葬裡，東枕是心中嚮往西方，頭向西枕便是眺望東方而有所期待。晚霞的華麗讓人仰慕西方，晨曦的鮮豔也撩人嚮往東方，這樣的心態與個別的民族氣質相結合而造就了他界觀念。另外，還有與此不同的說法，認為死者以眺望其民族所來的方位——亦即眺望故國——的姿勢埋葬起來乃理所當然之事。若按照這種說法，那麼考古學家在埃及發掘到的先王朝時代的墳墓，墓中的屍體經常是沿著尼羅河流域南北縱向躺下，頭部全都朝向著南方，他們之間大概也是代代口耳傳述祖先從寒冷的北方沿著尼羅河溯流而上來到此地的吧！此外，安德遜 (Johan Karl Anderson, 1827~1867) 在中國甘肅省發掘到的新石器時代晚期的墳墓，其中的遺體大致為頭向北枕，水平仰臥，那兒的人們都相信其祖先來自遙遠南方國家的傳說，認為受望鄉之情驅使才有這樣的姿勢吧！不過，這種伸展葬之中有個奇異的例外，那便是俯身葬。

一九二九年，中國考古學家李濟在安陽殷墟小屯所發掘到的殷代後期墳墓之中，在眾多採取仰臥乃至橫臥姿勢的遺體裡，有一具遺體單獨採取俯向的體位混雜在其中。當時看不到同類的案例，被當成稀有案例在學界上發表，久久成謎，後來有人就此推測，懷疑為罹患惡疾乃至於是因傳染病而死者的遺體。因為依據調查蝦夷民族之葬法的學者所確認的當地習俗，因羅患傳染病而死的人必定會被他們以俯向姿態埋葬。

再者，即使同樣是土葬也有不同的葬法，有的在土中挖出深穴，有的則僅只將遺體平放在地上，再在其上堆成土塚，這兩者的蘊義是完全不同的。挖掘深穴的方式，是敬仰土地為母親的農耕民族的葬法；不挖掘土地而僅將泥土鋪蓋在遺體的方式，則是原本將所到之處的地面當作是交通路線之遊牧民族的葬法。還有，土穴挖掘的深淺也會涉及到他界觀念的不同，鋪蓋泥土過少的土葬也會與風葬相近似。

火葬出現在遠較土葬更晚的新石器時代後期，到了青銅時代後半取代了土葬。何以青銅時代火葬會如此盛行，直到今天仍是個謎，不過據筆者個人的看法，古代的人藉由風箱的助力獲得了連金屬也能融化的強大火力，這當是一個可能的答案吧！如前所述，火葬意謂著遺體的徹底破壞，而強大的火力才使它變得容易。火葬不久便似乎被用來當成統治者以及與此相反的犯罪者等人的葬法，逝世的暴君與罪犯同樣是惡靈，因為他們是危險人物，所以不願意他們再回到這個人世來。不過，將火葬所具的這種咒術意味類推到後世佛教徒的荼毘（火葬），便會是既危險又謬誤的。這個問題，留待後面與風土相關的章節裡再來討論。

第二章　歷史時代的他界觀念

繼續之理

民族學家以天上、地上、地下的垂直構造來說明撒滿教（Shamanism，又名黃教）的世界觀。

此即把世界分成三種位階：諸神所在的天界、人類所住的地上與死靈、惡靈等隱藏的下界。尤其是沈淪在下界的各種陰魂，說不定什麼時候會出現在地上作祟，給人帶來災害，因此為了安撫、驅退它們，撒滿教的巫者要打鼓、搖鈴或拉響弓弦，施行種種的咒術。

不過，將撒滿教的世界以這樣的「垂直構造」來做立體性的考察，完全是依據文明社會的空間知覺而有的觀點，古代烏拉阿爾泰(Ural-Altaic)民族是否將他們居住的世界想成這樣，頗為可疑。

事實上，天界、地上、下界三個位階，在今日的我們來說才是「垂直構造」，但對他們而言極可能是「水平構造」的想法。古代人的空間認知，連同他們的時間表象，和今日我們對此的觀點頗為不同，這一點早經法國社會學家布魯爾等人指出。

紀元前一〇〇年左右，不斷劫掠漢朝北疆之匈奴的酋長單于，在拂曉時分步出營帳向初升的旭日禮拜，到了黃昏便向逐夜增光的上弦月祈禱。單于藉由這種儀式，向麾下的遊牧部族誇示自己撒滿教祭司的虔誠行為，等到滿月便下令展開出擊。另外，在冬日的營帳周圍整夜守候，見有影子徘徊時，便拉響弓弦來驅退惡靈們，這也是撒滿教祭司的職務。

撒滿教便是這樣祭祀天地鬼神，但天界對那些遊牧民族而言並非隔絕的處所，那邊丘陵與山脈的盡頭便是，是與地上相銜接的；下界並不在大地幽深底部的「幽明異處」，而是以峽谷或洞窟與地上相接續的。神靈是以設置在高原之龍庭（齋場）的撒滿教祭司作為替身降臨地上，傳述神諭完畢後便即昇天而去。

部族的人若死了，雖會前往地底的冥府，但並不是後世所想的「不歸之客」那樣，若有時回來便是要對親戚發出警告，或對仇敵展開報復。在這種情況下，前往冥府不過是遷居到稍遠的處所，而地上遺留下來的屍體只是脫下來的裝扮而已。這種與匈奴、韃靼、女真等部族植根於相同系統的撒滿教他界觀，在日本的神話之中也能窺見得到。例如生在地上的大日醜貴何以能上昇到天界呢？《日本書記》裡便如此說明：

「這時，天地相距還不遠。」

再者，開天闢地的男神伊弉諾思慕亡妻而下臨的黃泉之國，路途也不遙遠，因為他被黃泉醜女追趕時，用千鈞重石塞住平坂的入口，便能再度逃回到這個世界。

總之，對古代人而言，死後的世界無論是天界也好，下界也罷，都是在這個世界的延長線上，因此他們認為死後的生活仍不過是現世的繼續，乃理所當然的事。

在這個世界身為酋長的人，在那個世界也是酋長；在這個世界是奴隸的人，在那個世界仍是奴隸。富者仍是富者，貧者照樣是窮人。但是，不久之後隨著古代人空間知覺的進一步分化，這種「繼續之理」也跟著發生紛擾起來。

那麼空間知覺為何分化呢？以遊牧民族的情況來說，大概先是部族人口的增加、家畜的繁殖、外敵的入侵、尋找新遊牧地的移動，以及由於這些結果所產生的氣候風土的變化。

到了後漢之世，住在戈壁沙漠北方的匈奴，受到同族的南匈奴以及鮮卑、烏桓等的追逐，再加上抵擋不住漢將竇憲的攻擊，不得不向西方遷移。他們橫渡天山南路的塔克拉瑪干沙漠（Takla Makan，亦稱大戈壁沙漠），越過重山峻嶺的天山山脈，再渡過中亞的錫爾河（Syr-Darya）與阿母河（Amu-Darya），好不容易到達了遙遠西方的裏海，此時他們的空間認知大概一定會發生某些分化。再者，由於生產模式的變化，更確定了空間知覺的分化。

另一方面，臣服漢朝的南匈奴遷居到黃河上游、汾水河邊，不久便放棄了遊牧方式而進入農耕定居的生活，因此，隨後逐漸與漢族同化，開始敬仰一望無際的玄天「神仙界」，並相信起地底幽暗的「黃泉之國」。而這才是民族學家所說的「垂直構造」的世界——它原本是農耕民族固有的世界觀，在狩獵、漁撈、遊牧等文化階段，世界與其說是垂直的，不如說是「水平」的更為自然。

這是因為對地底的強烈關心，是定居在某一固定場所，對那兒的土地進行深耕來獲得主食的農耕民族方能懷有的。

遊牧民族則與此相反，他們對地底並不關心。他們遊牧的圈域大多不是磽确不毛的荒地便是沙漠，那種粗乾的土地除了生長少數的牧草之外，其所具的意義不過是通路而已。再以狩獵民族來說，他們的獵場當然在於鳥獸棲息的山林原野，而這種土地經常是掩蔽在林木的盤根錯節之中，地底並不易窺探得到。

再者，漁撈民族的生活圈是以海岸或離島為根據地的海上，他們的家不在岩石散佈或波濤洶湧的海濱，便是在珊瑚礁之上，若挖掘腳下的任一處所都只會碰觸到堅硬的岩盤，對地底當然不感興趣。總之，遊牧、狩獵與漁撈民族對地底這種漠不關心的心態，最能表現在他們的葬法上。他們之中全都看不到像農耕民族那樣豐厚的埋葬，此點值得吾人注意。例如狩獵民族的葬法大都是把遺體放置到山林裡的遺棄葬。

大林太良在《葬制的起源》一書中便這樣說：「這種葬法見於未開化的採集狩獵民族之間，有些愛斯基摩人、北美西部印第安各族、若干西伯利亞部族，都頗為一致地將死者棄置在森林或荒地裡，只儘可能把石塊或樹枝蓋在上面。」至於漁撈民族的典型葬法，傳說祖先為奄美群島海洋民族的琉球人之葬制最能表現出來。

小野隆祥在他的著作《日本人的起源與沖繩》中，引用張伯倫(Basil Hull Chamberlain, 1850~1935)的敘述，確定這是附帶洗骨的洞窟風葬：

> 這裡岩石屹立在垂直凹凸的珊瑚絕壁中，其表面有很多大致呈現四方形的洞穴，……大部分的洞穴被石頭堆積成的門戶封閉起來。在一個洞口敞開的洞穴裡，看得到躺著幾個沾有泥沙的人骨；把一個封閉著的洞穴的石塊搬開一看，內有一個形狀優美的甕，人們告訴我那裡面裝著死者的遺骨……

然而，遊牧民族的葬法乍看很像是埋葬，但與農耕民族的埋葬相當不同。農耕民族是把土挖得很深，再埋在墓穴裡，而遊牧民族則只把棺材安置在地面上，上面再堆積成土塚。

總之，綜觀這些習俗可以說，將世界看成天界、地上、地界的垂直構造者，唯有農耕民族，其他的文化階段都認為是水平的。而農耕文化圈的人們按照他們自身的世界觀來解讀遊牧民族的語彙，因而便把他們的水平構造誤認為是垂直構造的吧！

魂與魄

自古以來，龍在中國便象徵著帝王的權威。「叩見龍顏」是指拜謁帝王，「託庇袞龍的御袖」則是仰仗皇帝的威望，如此措辭是因為帝王袍服的兩袖繡有左右對稱的兩條龍的緣故。那麼，為何龍是帝王的象徵呢？若登上泰山遠眺，便可看到流經中原的黃河蜿蜒有如一條蒼龍。對古代中國人而言，黃河便是一條巨龍，這條龍有時會奔騰發威，把中原沈入水底，奪走人畜。有能力征服這條龍的人，便受人們尊崇而推戴為皇帝。在《史記‧五帝本紀》裡記述了堯、舜的時世，但這些只是其他民族也看得到的「黃金時代」的傳說，歷史時代當始於以禹為元首的夏王朝。相傳禹治理黃河，努力了十三年，成功之後登上帝位，這是一件具有重要意義的事情。在中國，耕耘黃土層之農家的收穫量，完全取決於河川流量的調節。如果河水泛濫，便會沖刷地表的肥沃黃土層而僅剩留砂礫；如果天旱持續不雨，多孔質的土壤便會流失水分而變成粉塵。

可是，以人力來調節黃河的流量是件相當困難的事。它需要先動員大眾進行護岸工事、挖掘蓄水池、設計水門，並組織廣大的灌溉機構，開鑿密如蛛網般的水渠灌溉到各處耕地。我們雖不知大禹的濬水工事到達何種成就，但無論如何他卻是因這項偉業而事實上成了中國開基立業的初代帝王。並且，這個廣大灌溉機構的統制本身，形成了中央集權的政治機構——亦即國家的出現，國家權力甚至成為世襲制而實行專制政治。不過，即使登上帝王寶座，灌溉機構的運作若發生失誤，治國能力便立刻會受到懷疑而喪失帝王的威權。

灌溉機構的成立擴展了中國人的空間知覺，產生了眼所能見的日月星辰之上更有「宇宙萬物之主宰者——天」的思想。天是宇宙萬物的主宰者，天生人與萬物，賦予力量而教以道理，逆天者亡，順天者昌……。這是藉由灌溉機構結合起來的農業共同體之意志的反映，但從此也成了中國人倫理觀念的基礎。帝王本是承天之命而立位的，但他畢竟不過是人，所以會顛倒順逆、會犯罪、會生病且老耄而死。

夏王朝歷經四百餘年傳到了桀，「不務修德，多行暴虐而致民心離叛」，因此「天命鼎革」，終為商湯所滅。若按照這種中國人的倫理觀來看，違背天意者會因其罪而受到「天罰」，但什麼樣的行為才是罪呢？那當然是破壞農業共同體的秩序與人際關係的行為，便被認為是犯了罪。

日本進入稻作農業約在中國的西漢時代，較中國晚了將近一千年，從大祓（祓除不祥的祭祀）的祝詞所見到的「天津罪」，明顯的是指擾亂農業共同體之秩序的罪行，因此大概相當於中國人的「違天之罪」。在延喜式裡所列舉的「天津罪」有左述九條：

畔放、溝埋、樋放、頻蒔、串刺、生剝、逆剝、屎戶。❶

這些都是與農業有關的罪行。神話中的素箋嗚尊由於犯上這種「天津罪」而被放逐出高天原（諸神所居之「天國」），也極富啟示性。

可是，在古代的中國遭受天罰而滅亡者所前往的他界，究竟在何處？根據記載，此處仍然只在地下的「黃泉之國」。「黃泉」的觀念，當然是從黃河的「黃土層」而來的，不得不說

❶ 畔放意為拆毀田埂；溝埋為填塞引水的溝渠；樋放為拿掉導水的竹管；頻蒔即頻播，播種之後又再播種，妨礙穀物生長；串刺為將竹枝插在別人田裡，加以侵占；生剝為活剝獸皮；逆剝則是殺死獸類後，從尾部逆向剝皮；屎戶為散布髒物。

它是中國固有的產物。這個語彙見於《春秋左傳》，《管子》書中也有記載。

《左傳》所說的「不及黃泉無相見也」，是鄭莊公憎恨母親所說的話，雖有「在地獄相會吧！」的含意，但一般認為「黃泉」並無佛教傳來以後所具有的那種「地獄」的觀念，它只意味著幽暗而寂寥的處所，從《漢書・武五子傳》所載下述的詩章便可知道。這是廣陵王劉胥惡事敗露，在宣帝的使者追查之下自殺謝罪，臨死之前，在顯陽殿擺開酒宴，讓寵姬彈瑟伴奏，劉胥歌云：

欲久生兮無終，
長不樂兮安窮！
奉天期兮不得須臾，
千里馬兮駐待路。
黃泉下兮幽深，
人生要死，
何為苦心？
何用為樂心所喜，

出入無悰為樂亟。
蒿里召兮郭門閱，
死不得取代，
庸身自逝！

由此看來，「黃泉」都是死者前往的處所，似乎不是遭受處罰者特定的去處。大致說來，中國人的思想較具現實的傾向，正如孔子所說的「未知生，焉知死」那樣，對死後的世界不太關心，因此不應有埃及人或印度人那麼複雜的來世觀。

不過，從漢初出現的《禮記》中「魂升於天，魄歸於地」這段話來看，同一個死人會分為兩個部分，一個昇天，另一個歸於地下。《春秋左傳》如此區別魂與魄：

人生始化曰魄。既生魄，陽曰魂。用物精多，則魂魄強……（魂魄為神靈之名，附於形體之靈為魄，附氣之神為魂。）

這是「萬物以天為父，以地為母」的農耕民族特有的思想，是將農作物的發芽類比於性的想法，說起來這才是中國人理所當然的來世觀吧！

伊秀特(Ashtarte)❷遊下界

與古埃及並列為世界最古之文明中心的兩河流域，一般認為早在紀元之前的古昔即已進入歷史時代。從底格里斯(Tigris)與幼發拉底(Euphrates)兩河流入波斯灣處的東北方，最早遷移進來的是蘇美人(Sumer)，在此定居建國，從大洪水之後的烏爾(Ur)第一王朝開始，至少交替了五個以上的王朝。

蘇美意謂低地，在上游的高地住著古時從敘利亞方面遷入的閃米系阿克特人(Akkad)，他們後來併吞蘇美人，建立了所謂亞述帝國的薩爾岡王朝（Sargon，約2350~2295 B.C.）。不過，這個王朝受到東方山地古茲烏姆蠻族的入侵而滅亡。然後，蘇美人再起來打倒他們，建立了烏爾第三王朝，但僅能維持蘇美文化的最後光榮，不久即因受到從東方來的埃拉姆人的

❷伊秀特(Ashtarte)自新石器時代以來即為象徵豐熟多產的女神而廣受西亞民族的崇祀，蘇美人稱之為Innin，腓尼基人為Ashtartu，《舊約聖經》為Ashtoreth，阿克特人(Akkad)為Ishtarcu——此即本文的音譯。

襲擊而崩潰。

埃拉姆人支配兩河流域不過才三個世紀，這種支配旋即由西方沙漠進入的閃米族阿姆魯所顛覆。約紀元前二〇〇〇年，其酋長斯慕・阿布慕成了巴比倫第一王朝的始祖，傳至第六代漢摩拉比 (Hammurabi, 1728~1686 B.C.)，完成了全巴比倫的統一，這便是第一巴比倫帝國。

《聖經》所載亞伯拉罕 (Abraham) 的故鄉為迦勒底（Chaldean，位於古巴比倫南部），乃〈創世記〉作者的誤記，那是遠在其後的第二巴比倫帝國的事。調查兩河流域古代文化的學者們，對於其文化樣式的某些方面與漢民族多有類似之處而特別加以注意。

被認為是蒙古系的系統不明的蘇美人與漢民族的相似，從兩河流域發掘到的彩色陶器與陝西與甘肅出土彩陶的關連性、兩者象形文字的近似之處、灌溉機構的類似、天壇的存在、磚砌的巴比倫尼亞建築與萬里長城的望樓看起來樣式一致、占星術雙方都很發達，有些學者便根據這些相似的例證提出漢民族起源於蘇美人的主張。

雖然這類說法仍止於臆說的階段，但這兩個相隔有段距離的地區具有某些關連性則不容否認。兩者都是以河川的治水灌溉機構為基礎的農耕文化，其樣式與習俗的一致豈不特別讓人感到不可思議嗎？多數的情況下，農耕民族的宗教屬於多神教，而巴比倫尼亞在這方面也不例外。

以巴比倫尼亞、亞述人的宇宙觀來說，天有三層，形成三重大的圓穹遮蔽著世界。其下的大地形狀像碗一樣漂浮在大海上，地也分為三層，上面為人類居住之處，中層為水神艾爾之國，下層為下界。再者，天上也有海洋，一旦天空陰暗，便化為雨水傾瀉到地上。占據天上王座之神為亞努，祂是八百萬眾神的最高神祇，不太與人類來往，有時甚至會與人類形成敵對關係。

亞努的配偶神為安都爾，但後來被月神西恩 (Sin) 的女兒伊秀特所取代。另外的說法則是伊秀特為豐饒之神都烏茲的情侶，她相當於希臘神話中的阿芙羅黛媞（Aphroditē，即羅馬的維納斯），為大地母神、土地生產之神。地上最有權威的神是安利魯，祂住在「山之神殿」裡；與此相同的還有達干神，祂可能是非利士人（Philistines，居於巴勒斯坦西南部）的神，大概是後來由敘利亞方面傳來的神祇。

不過，諸神也與人類一樣有榮枯盛衰，有時流行有時落伍。巴比倫作為漢摩拉比王的帝國首都而繁榮起來，其守護神馬爾都克也隨之取代了安利魯的地位而成為地上的主神。對於農耕民族的巴比倫尼亞人來說，太陽神薩馬斯 (Shammash)、月神西恩與雷雨、雷光、雷雲之神阿搭德等諸神當然都具有重要的神格，並且巴比倫尼亞人以月神為太陽的父親，此點值得注意。弦月由細長的鐮刀形逐漸增長為圓月，一般說來被看作是草木萌芽、生長的象徵，不過，這毋寧是意味著他們當初的農事曆是太陰曆吧！呈獻給月神的頌辭這樣說：

「您若降旨於地，草木便發芽；您的聖令若沾及廄舍，家畜就會繁昌。」

不過，太陽神薩馬斯的神格較高，既是光明之神，又是法律的守護神、正義之神而受到尊崇，漢摩拉比王那著名的法典便是得自此神的授與。而且，巴比倫尼亞人似乎還認為沈入地平線下的太陽具有另外的神格，稱之為納爾格爾。納爾格爾即是「黑色太陽」，被認為是帶給人世戰爭、疫病、荒蕪的神祇，而成為冥府女神的丈夫。

與中國人同為農耕民族的巴比倫尼亞人的他界觀，不可否認是相當寂寥的；並且，生命只限於這個人世，認為冥府只有幽暗陰慘的這種想法，他們毋寧說是較中國人更為徹底。以中國人的情況來說，「黃泉之國」當然是幽暗寂寞的處所，但似乎認為在某處會繼續現世的生活，所以實行稍亞於埃及的厚葬（但似乎僅限於富裕者）。而在巴比倫尼亞，除了被認為是烏爾王陵的一、二處例外，其餘幾乎都是薄葬，可以說是相當簡陋的葬法。

這恐怕是他們雖為農耕民族，但身上也強烈地流動著閃米系遊牧民族之血液的緣故吧！遊牧民族正如後面所敘述的，大都是採行薄葬。要顯示巴比倫尼亞人的他界觀有多麼的淒涼，最佳的例子便是在著名的《艾瑞西吉格爾（Ereshkigal）神話》中的〈伊秀特遊下界〉。艾瑞西吉格爾為伊秀特之姊，是統治「不歸之國」的冥府女王。

到此國度必須渡過一條伏布爾的河川，並通過七道門戶，伊秀特為了要探望被豬殺死的愛人，便前往這個「不歸之國」。艾瑞西吉格爾聽到妹妹來訪，吃了一驚，並為地上有生命的人們感到悲傷。因為若伊秀特來到下界，便意謂地上有生命的人都死光了。無論如何，艾瑞西吉格爾還是命令門衛按照規定，以和向來的死人同樣的待遇准許她進入冥府。

門衛打開第一道門，先讓伊秀特脫下帽子，在第二道門解下耳環，第三道門為項鍊，第四道門為胸飾，第五道門則為附有「安產（平安分娩）之石」的腰帶，第六道門沒收手鐲與腳鐲，在最後的第七道門已是身體完全赤裸了。如此勉勉強強進入「不歸之國」，艾瑞西吉格爾看到亂發脾氣的妹妹，大為光火，便命令使者南塔魯這位瘟神，帶著六十個「病神」把她送走。

死者所住的冥府是沒有光明的黑暗場所，死亡的人們呼吸塵埃，吃著泥土；衣服像鳥一樣有雙翼，既破爛又髒污——以上便是巴比倫尼亞人的他界觀。神話學者認為，身為大地之神的伊秀特，身上衣物一件一件被剝除，終至全身赤裸，這故事恐怕是冬日降臨時地上草木枯萎、景物滿目蕭條的一種比喻吧！

但是，兩河流域位於亞熱帶，即使到了冬天也看得到翠綠的林木，由此看來，它很可能是由舉行冬至祭或春分祭的其他民族神話傳來的；並且，這種對冥府過於陰鬱的敘述，明顯的是遊牧民族的產物。如果漢摩拉比王朝的祖先是由西方來到幼發拉底河上游的閃米系遊牧民族，那麼和與他們具有血緣關係的以色列民族的他界觀便必然有類似之處，以下是出現在《舊約・約伯記》中他們對冥府的描述：

我若有期待的處所，那便只有成為我家的陰府。我在陰暗中伸展在我的床上，對腐朽說，你是我的父親；向蛆蟲說，你是我的母親、姊妹。既然如此，我的希望在那裡？

以色列民族的葬法，起先是「洞窟風葬」，其後為在懸崖挖掘橫穴的「崖葬」，那兒是神明的聲音達不到、神明的作為也管不了的完全隔絕的場所。

山上他界

佛教傳入以前，日本上代人的他界觀常用「常世之國」、「黃泉之國」、「根之國」等語彙來表現，死者所前往的那個世界約略便能想像。其中，「根之國」另當別論，「常世之國」毋寧說是「常夜之國」，而「黃泉之國」是模仿中國的說法，不如說是「夜見之國」或「陰暗之國」較為恰當吧！總之，上述的語彙都是指那個世界在地底、洞窟或橫穴之中，不妨看成是將墳墓予人的幽暗印象據實表現出來。

至於「根之國」，則是指「根堅州國」。根據《古事記》的記載，素箋嗚尊觸怒了父親伊弉諾，受到追逐便前往他母親的國度。他母親伊弉冉已經亡故，身在常世之國，因此從他所說「我想從這裡前往母親的國度——根之堅州國」這段話來看，根之國似乎便是「常世之國」。

不過，筆者個人贊同下述的看法，認為「根之國」是指他們從那兒渡到母國的意思，而非死者之國。並且，所謂「堅州國」並不是「像油脂漂浮一般」的島國，大約不難想像是意味著大陸吧！因此單以這種情況來說，與死者之國沒有關係的看法大概較為正確了。

就算有部分的上代人立足於撒滿教的世界觀，恐怕也不至於把它看成為天界、地上、下界的垂直構造吧！這一點在前面「繼續之理」那一節已有說明。「黃泉之國」的說法必然是從中國傳來才知道的，無疑並非上代人的真實體會。上代人的他界之一，筆者認為既非白雲流動盡處的天界，也非地下深處的處所，而是更接近身邊的地方，是生者也能輕易前往的場所；而且，與「黃泉之國」相反的，他界就在海上遠方落日沈沒之處的夢幻之鄉。

總之，其中一個是「山上他界」，另一個則是這裡所說的「海上他界」。而素箋嗚尊的情況，尤其能讓人認為這個海上他界便在上述的根之國或沖繩人所謂的「海外樂土」等處。我的家鄉岩手（在日本東北部）是舊藩的南部藩，現在屬於青森縣下北半島的恐山便是以前南部氏的舊領地。可能是因為這個原因，戰前恐山的故事還不像現在這樣出名。那時我年紀還小，祖母常這樣教我：

「這一生總要有一次大家都上恐山去參拜吧！」祖母這樣說是因未能上恐山參拜而深感遺憾，但是，「死了的話，任誰也會上恐山。」從這種說法便能領會那種風俗了。

戰後，突然想起祖母從前所說的話，在某年農曆七月舉行地藏法會的那天，我興起到那兒探訪的心情。整座山看起來像散佈骨灰般的荒涼，在火山熔岩形成的平原上鋪起的地基有點傾斜，蓋在上面的寺廟已很破舊，老僧用沙啞的聲音誦唸《血盆經》，湖裡混濁的水色讓人聯想到血池；還有，看起來像是誠惶誠恐堆積起來的賽河原小石塊，搖動鈴聲用含著怨懟的聲調沒完沒了地不斷唱著參拜者的朝山歌，盲眼巫女坐在筵席上一面相互摩擦大的念珠一面施行巫術，以及那些頭髮未抹油的母親們一面哭腫著眼睛一面傾聽她的唸咒，這些構成一幅既詭異又讓人緊張得呼吸要窒息的景象。

的確，那兒甚至讓人覺得彷彿不得其所的幽魂們不知從何處聚集在一起，拖長尾巴飛來飛去。日本古代便有「死出之山」的語彙，它最能讓人想起：這不正是在說這座山嗎？恐山圓通寺的創建者是圓仁，因此原本該是天台宗的寺廟吧！但因奉祀地藏菩薩，被認為是密教而混淆起來。不過，類似這種山必是佛教傳入以前培養上代人山上他界觀念之所在。但是，與其說它是相應於佛教報應思想的這種像地獄一樣的山，不如認為它是村民們前往割草、伐薪、種粟而具有親近感情的後山吧！即使在今天也經常看得到村民們的墓地便座落在能夠遙望村莊全貌的小高丘上，這豈不是上代人「山上他界觀」留下來的痕跡嗎？大林太良在他著作的《葬制的起源》一書中，闡述上代人火燒田的耕作文化與「山上他界」觀念的關連性，見解的確極為卓越。他說：

> 特別引起吾人注意的是，中國南部經營火燒田耕作的原住民。曾有學者指出苗族與傜族在山裡築墓，認為這是屬於華南火燒田耕作的文化層。……在東南亞也看得到山上他界觀念的，主要是火燒田耕作民分佈的地區。以前我就懷疑日本的歌垣也是山墓與山上他界的複合體，存在著山墓與山上他界觀念之中國南部的山地原住民，正是歌垣的發源地。（見《葬制的起源》，頁一二二）

舉目望山窺探其中一幕幕生死戲劇的民俗學家，我對大林先生由衷深表敬意。不過，「山上他界」的觀念並不僅限於火燒田耕作者，在山坡地從事梯田耕作者之間不是也有嗎？這個疑問希望提出來當作一個課題，此即畢生經營陡坡的耕耘，離別那個滲入辛苦汗水的土地，魂魄果真要飛往何處呢？接下來，便剩下「海上他界」之觀念的說明，但這與下文所敘述「太陽崇拜與他界觀念」的內容有密切的關係，因此留待下章闡明。

第三章　太陽崇拜與轉生

太陽神與尼羅河

按照民族學家的說法，太古時代世界上的所有民族或多或少都窺探得到太陽崇拜的習俗。古代的人們把太陽看作是飛翔天空的有翼圓盤，或者認定是巡行天空的「日輪馬車」、航行蒼穹的「天之鳥舟」。

他們用卍、各種巴形❶或想要互相吞進尾巴的兩尾蛇之類的圖形來表現陽光眩目的漩渦——它們似乎被當成神聖的徽章受到崇拜，這些我們今日在古代的遺蹟上多少都能發現到。太陽帶給大地的光與熱是一切生命的根源，一般認為古人憑直覺早就知道此一道理。

太陽是生命的創造者，被當成萬物的支配者而受到景仰。對遊牧民族而言，它是牲畜的

❶巴字圖案是以一個或數個巴字形組成一個朝同方向旋轉的圓形圖案，類似太極圖的陰陽魚。

守護者；對農耕民族而言，它是作育穀物的神祕力量，因而受到崇拜。太陽崇拜尤其是與農耕儀式具有密切關連，古代埃及、印加、印度河等地的農耕民族甚至把這種儀式昇華到宗教禮儀。不過，同是農耕民族之間，在成立以太陽神為主神的宗教上，也必須考慮到有其相應的特殊風土條件。

如前章所述，像在古代巴比倫尼亞那樣的農業國家，太陽神薩馬斯與西恩、阿搭德、伊秀特等並列為四大神之一，也未必成為主神。主神是占據天上寶座的超級之神亞努，有時則為「大地主神」安利魯，或者是後來巴比倫尼亞的守護神馬爾都克，而太陽神薩馬斯則非如此，毋寧說月神西恩因作物的成長與月亮由虧轉盈的樣態相似而在農耕者之間更具權威。

再者，古代中國的最高神祇也是君臨日月星辰之上的超越之「天」，而非太陽本身。尤其是在灌溉設施尚未完備的古時候，黃河流域經常遭遇旱災，太陽本身既是恩惠，同時往往又是災害之源而受人咒詛。《淮南子》便記載了上古的神話：

> 堯之時十日並出，焦禾稼，殺草木，而民無所食。……堯乃使羿上射十日（高誘注：十日並出，羿射去九。）……萬民皆喜。

這段古代神話顯示，太陽未必能成為人們崇拜的對象。尤其是躲避日正當中的暑熱而躺在樹陰下睡眠，要等到星星向大地眨眼時才繼續旅程的沙漠遊牧民族，看不到他們的太陽崇拜乃理所當然的事。不過，古代的埃及由於具有特殊的風土條件，使他們的人民成了具有太陽崇拜之信仰的典範。從地形來看，埃及的土地不過是介於利比亞、阿拉伯兩沙漠之間的狹長河谷，僅有開羅以北扇形展開而形成三角洲地帶，但其長度有限，面積實在很狹小。

近年以著名的亞斯文大水壩 (Aswan Dam) 為首，設置各種堰堤，因灌溉區域的擴大而增加了耕地面積，然而適於人類居住的土地，仍只有大約相當於日本的九州而已。在這樣狹小的土地上，他們為何能夠發展出世界最古文明的光采——在世界史上，能夠確保他們生前追求不已的「永遠的生命」呢？這的確是個千古之謎。不過，希臘史家希羅多德曾說：「埃及是尼羅河所賜。」除了這句名言之外，大概找不到謎底吧！

尼羅河的源頭遠在赤道正下方的維多利亞湖，這條大河在蘇丹境內與阿比西尼亞（Abyssinia，即今日的衣索匹亞 Ethiopia）的青尼羅河 (Blue Nile) 匯流，進入努比亞（Nubia，位於蘇丹北部與埃及南部的區域）的沙漠地帶形成S形曲折，如此蜿蜒四千英哩（六六九〇公里），最後分成羅塞達 (Rosetta)、塔米埃達 (Damietta) 兩河口注入地中海。尼羅河南北走向的河谷穿越埃及境內磽薄不毛的沙漠，藉由每年發生的泛濫為這塊土地披上一層肥厚的黑土層，而創造了豐饒之國。河流漲水從太陽靠近北回歸線的七月初旬開始，水量漸次增加，到夏至前後最為明顯。泛濫則在九月達到最高潮，十月開始降低水位，到十一月才會明顯地開始消退。

埃及人將這河水泛濫的四個月稱為「漲水季節」，一年分為「漲水季節」、「成長季節」與「播種季節」，一年之始是在太陽曆七月二十日的漲水之季的第一天。這個漲水之季對埃及人而言，又具有相當於「新年」的意味。播種季節之初——即三月至五月，尼羅河河谷會颳起沙漠的焚風，天空迷漫一片飛砂，日月都為之昏暗，草木也沾滿砂塵而枯萎。此時氣溫上升，酷熱異常，本來天性樂觀的埃及人也受不了這種季節，到處一片愁容。

不過，接下來便開始尼羅河的泛濫。暑熱沖淡了，空氣帶著潮潤的濕氣，草木再度變綠。就像飢渴的人受到療癒一般，人畜重新恢復生氣，埃及復甦了。尼羅河不但賞賜沃土，同時也帶來了姹紫嫣紅的花季。由於這條尼羅河的緣故，太陽才能夠不給埃及人帶來災害而只給予恩惠。正因為這樣，埃及人把太陽神當成「拉」(Ra) 來奉祀，同時以擁有很多乳房的女神來象徵尼羅河而加以尊崇。

布萊斯堤德在他所著的《埃及歷史》(J. H. Breasted, *History of Egypt*, 1909) 中這樣敘述：

> 在紀元前四二四一年的先王朝時代，埃及仍分為以蜜蜂為紋章的北王國與以睡蓮為紋章的南王國，當時已推行以一年為三百六十五日的曆法，這可能是由西亞傳入北王國的吧！

以紀元前四二四一年來說，在西亞為蘇美人的史前時代，當時蘇美人是否有這樣的曆法頗為可疑，這可能是如下文所說的年代學上的誤差吧！一般認為古代的埃及最初恐怕也是採行太陰曆，以太陰的一次盈虧為三十日，如此經過十二回便輪到原來的季節，因此計算起來一年為三百六十日。

不過，尼羅河的定期泛濫比底格里斯與幼發拉底兩河更為正確（這兩條河流都是初春至孟夏漲水，但夏季的乾旱期過早，冬季的生育期過遲，尤其是底格里斯河的湍流往往造成洪水），在古埃及首都孟菲斯 (Memphis)，幾乎都是在每年的七月二十日開始泛濫。因此，依此計算起來便產生五日的差距。於是最初把眾神的誕生日五天加上去而成為三百六十五日，但經過一段長時間後仍與泛濫的季節不相脗合，因此把一到七月便會出現在拂曉天空的天狼星列入考量，重新計算便成為三百六十五日又四分之一，亦即產生了「依據天狼週期的太陽曆」。

紀元三世紀的羅馬史家肯蘇里努斯以西元一三九年的七月二十日作為年初逆推天狼週期的開始，得知為前四二四〇年或二七八〇年。布萊斯堤德等人可能由此獲得前四二四一年的數值，但還是選擇後者二七八〇年較為妥當吧！

古埃及的年代別會因學者的不同分類而有很大的出入，但若為前二七八〇年，則大致為第四王朝滅亡，奉祀太陽神殿的祭司之子孫因發明太陽曆而開創新的第五王朝，此一推算與古代傳說脗合。而伯里 (W. J. Perry) 的說法也證實傳說不謬：「埃及有關農業的灌溉、排水、貯水等都依賴尼羅河的定期泛濫，因此唯有能正確計算它的時期而發明曆術的人，方能以『太陽之子』登上王位。」

不死的觀念

對永恆的生命追求不已的古埃及精神文化，恰如已經滅亡很久的恆星仍從遙遠星雲的那端投射出燦爛亮麗的光芒。紀元前五二五年，由於波斯國王甘比西士的侵略而導致埃及王國的完全滅亡，但從第一王朝的米尼斯王至末代帝王普沙美奇庫三世，其王祚綿延的期間大約相當於日本建國至現代的兩倍長。這段期間，歷經二十六個王朝的興滅，有些都城繁榮，某些都城荒廢；與此同時，諸神有時得意，有時失勢。

例如隨著第一王朝以來古都孟菲斯的繁榮，布塔神因而顯榮；隨著底比斯 (Thebes) 的興起，阿蒙神受到了崇拜，這位阿蒙神後來與赫利阿波里斯 (Heliopolis) 的太陽神拉調和成阿蒙・拉 (Amon-Ra)。赫利阿波里斯的月神陶特可能是埃及實行太陰曆以後產生的古代神祇，其後成為興起於阿比多斯的植物神奧西烈斯 (Osiris) 的屬下，擔任類似評審死人罪責輕重的職務。與以色列民族那種信奉一神教的國家不同，多神教國家的神話既無系統，脈絡又錯綜複雜，尤其像埃及這個國家，南北沿著尼羅河形成狹長帶狀的國土，再加上具有悠久的歷史，情況更為混亂。因地區的不同而有獨特的神祇與神話，這些不久又因土地的消長而互相調和，隨著時代的演進產生變貌。在創世神話方面，埃及的多樣性也僅次於印度，關於太陽神有如下的神話：

原始海有花綻開，從花中生出太陽，太陽生出烏修、德夫努特、蓋普、努特四大神。其中，努特成為天，蓋普成為地，由於此天與地的結縭而生出伊希斯、塞特、奈芙提斯及奧西烈斯，奧西烈斯與伊希斯之間又生出荷魯斯。因而荷魯斯 (Horus) 即所謂的天孫，國王似乎就變成了荷魯斯，但大約從第四王朝以後，在赫利阿波里斯祭司的影響之下，國王似乎又變成了太陽神拉的兒子。

埃及的太陽神除了這個拉之外，還有上述的布塔、阿蒙，以及隨著拉的顯赫成為赫利阿波里斯守護神的阿陶姆；另外，塞克特與奧西烈斯也被比擬為太陽神。位於開羅附近的古都赫利阿波里斯，是意指「太陽之都」的希臘化名稱，埃及原有的名稱似乎為安努或旺。這兒自第四王朝時代起便有祭祀拉的太陽神殿，有祭司主持祭拜太陽的儀式。太陽神後來以人形神來表現，但在古時則為鳶或鷹等的鳥頭神，或以羊頭神的容貌來表現。

拉白天乘船橫渡天界的蒼穹，晚上則通過陰暗的冥府。此神徹夜不斷與來犯的冥界惡靈搏鬥，擊敗他們之後，一到早晨又從陰暗之谷重新現身出來。

這種跨越晝夜的行旅，象徵「生、死與復活」的觀念。太陽在黃昏西沈，但翌晨又以新的面貌出現在東方天空，這便是永恆不滅。效法這個太陽而想追求永遠的生命，便成了此後埃及人的中心思想。可是，太陽雖然永不滅亡，人卻仍會死亡。死人的身體會腐爛生蛆，被甲蟲啃咬，受禿鷹啄食，不久不是會成為慘不忍睹的樣態消蝕嗎？那麼，怎麼辦才能不死、不滅呢？他們仿效傳說身體常會散發香味的眾神而把樹脂塗在肌膚上，因為樹脂的香味是人活著的表徵。

再者，與太陽同為永遠的尼羅河的水色是綠的，因此女性便學習用綠色的顏料來化粧。因為埃及是因尼羅河而獲得生機，河流氾濫期的綠色河水對個人而言，也是賦予生命的顏色。

目前保存下來的一些古埃及王后的肖像，還看得到用鮮綠的孔雀石粉末塗在眼瞼上的痕跡。這種積極追求生命的賦予以及迴避死滅的欲望，似乎引起埃及人製作木乃伊的念頭。

被沙漠包圍的埃及氣候非常乾燥，因此有些屍體會形成天然的木乃伊。也許他們由此獲得了暗示，對屍體實施防腐術來進行永久保存，好讓靈魂再返回體內時能起死回生。木乃伊的製法從王侯到貧民有很多等級，較奢華者用椰子油清洗屍體的內腹，再填入樹脂、桂皮或昂貴的香料；較粗陋者用鹽砂代替酒來清洗，只放在碳酸鈉中浸泡七十天。總之，多數的埃及人都同樣將屍體製成木乃伊。

不過，若要蓋建金字塔，當然便只有法老王才夠資格。從位於尼羅河東岸的杜拉（主產石灰岩）與亞斯文（主產花崗岩）等處開鑿平均每個兩噸半重的巨石，共有二百三十萬個，每天役使一萬人工搬運，每年七、八、九三個月工作，如此勞役延續達二十多年，這真可說是超現世規模的浩大工程！它不只是由於法老王具有極大的王權，還因為人們著迷於「不死的觀念」才有可能。埃及的人們似乎相信，一旦人死了便前往太陽沈入西涯的國度，用船將裝著死者木乃伊的棺柩載到尼羅河西岸，在此舉行「開口儀式」（灌輸生命的儀式）。村川堅固如此敘述：

他們的墳墓最大的是法老王的金字塔，所以一般庶民死後都葬在尼羅河西岸的利比亞沙漠之中。東岸之所以一座平民墳墓也看不到，必定是人們普遍相信死者是前往太陽沈沒的國度的緣故。

《死者之書》

可是，太陽西沈之後，便要通過分為十二個區域的冥府。其中大多為沙漠，太陽神拉在第五、第六區域必須下船乘蛇或乘坐蛇形的橇。這個冥府的統治者是奧西烈斯，但死者的靈魂要經由狼頭人身神的阿努比斯的引導才能到達奧西烈斯的審判廳，在陶特的主持下用秤稱死者的心臟，以此來裁決罪業的有無。

無罪的人會被送往奧西烈斯的樂土等待復活，但若被宣判有罪，便會被等候在旁邊的怪物吞食，於是靈魂遭受破壞而喪失復活之途。如前所述，這位冥府之神奧西烈斯本來是通往利比亞沙漠大綠洲之古都阿比多斯(Abydos)的農神，據傳祂是首先教導人類農耕技術的神祇。

在奧西烈斯的神話裡，算是祂兄弟的邪神塞特(Set)欺騙祂，設計把祂關在箱子裡放流到尼羅河，等到祂的妻子伊希斯來解救時，塞特又把奧西烈斯殺害，將祂的身體切碎，四處撒散肉片；可是，伊希斯卻很有耐性地把這些碎片撿齊接合起來，讓祂以完整的體軀復活。這是個極富趣味的神話，民族學家認為：「從先王朝時代的葬法來看，有些屍體埋葬的方式難以令人滿意，四肢不是被折彎便是被切斷，這神話可能便是脫胎於此吧！」

將屍體切斷、弄傷，讓四肢七零八落，其中首先讓人想到的含意是死靈恐懼，其次便是有關農耕民族的人身犧牲儀式。

農耕民族在春天播種時，會祈求年豐穀熟而在耕地上舉行儀式，這是廣為人知的事，但傳說有些場合還會運來犧牲者加以殺害，將他的屍體切碎撒播在耕地上。從奧西烈斯本為農神這一點來看，恐怕是屬於後者，這是期望作物豐收所舉行的農耕咒術之反映吧！不過無論如何，一度遭到殺害、屍體受到毀損的奧西烈斯，又從死者之中復活而獲得永生。由於具有這種永遠不滅的神格，所以奧西烈斯後來才成為太陽神，加以曾有復活的奇蹟，所以也成為死者之王。《死者之書》中的「奉獻奧西烈斯的歌辭及連禱文」裡有如下的記載：

> 起來吧！死者們都想要向您叩拜。他們吸收生命，然後當您登上地平面時，他們瞻仰您。他們因瞻仰您而感到心安。啊，您——永恆無疆者！

以「死、復活與永生」為教理骨幹的基督教神學體系，毫無疑問地應該也是淵源於這類遠古的信仰。自雷普休斯以來即習慣稱為《死者之書》的這部埃及著名聖典，名稱聽起來有些裝模作樣又富神祕性，但若說得老實些，也是一部滑稽而愉快的書。總之，它也可以說是讓死者攜帶前往冥府的旅行指南，在初次陌生的旅行裡給予各種誠懇的忠告，以免張惶失措、迷失方向。例如死者的木乃伊在製作上不論如何講究，還是往往會有在墓中腐壞之虞，但要對此加以防範，只要看該書第四十五章〈在下界不會遭遇腐壞之章〉便可放心了。

再者，死者前往下界的途中有條大河，必須招喚冥府的渡船搭乘才能渡河，因此死者便有預先閱讀該書以詳細了解渡船事項的必要，而書中第九十八章、第九十九章便是指導搭船渡河的要領。在〈招呼下界之舟靠近〉的那一章記載的內容相當有趣：

船夫說：「對我說出我的名字！」「你的名字是旅人。」能把你吹送出去的風說：「對我說出我的名字！」「你的名字是北風。」河流說：「你若是要朝向我前進，便對我說出我的名字！」「可以看得到的便是你的名字。」河岸說：「對我們說出我們的名字！」「你們的名字是在水之家的廣大之手的滅絕者。」

此外，到達位於冥府的奧西烈斯的府邸之前，必須通過二十一座塔門、七所宅邸與十五處領土，而其中每一處所都有容貌奇形怪狀的門衛駐守，想要通過是極為困難的事。不過，若預先知道怪物的名字以及暗語，便能輕易地穿越這些關卡。該書第一百四十九章、第一百五十章的內容便是記載這類資料。

在《死者之書》中堪稱壓卷的作品，當是能夠順利進入奧西烈斯領域之內的死者們的〈審判之章〉吧！其中在〈阿倪的紙草文書(papyrus)〉裡附加著「秤量死者心臟」的神祕景象，這是死者阿倪由他的妻子珠珠陪伴在奧西烈斯廳堂上接受審判的場面。此時，死者阿倪面對自己心臟所說的話極為有趣：

> 我的心臟、我的母親，我的心臟、我的出現，但願面臨審判的時候，絲毫不會出賣我……；更願在神祇之前，不會吐露任何中傷我的謊言。

秤盤的一端擺上心臟，另一端則放置輕質的羽毛。如果心臟坦白認罪，秤子立刻會傾斜，於是必定會被等候在審判官陶特背後的怪物所吞食。因此，這時看到死者默禱：「我的心臟啊！在眾神之前不要口沒遮攔出賣了我。」不是令人會心一笑嗎？秤子若未傾斜，陶特便會判決：「他一點惡事也找不到。」於是死者便被引導到奧西烈斯的神廟，接受神祇的祝福。

同樣的審判場面，比此記載得更為詳盡的該是《死者之書》第一百二十五章那篇〈納布西尼的紙草文書〉吧！死者納布西尼站在四十二位審判的神祇之前，做了四十二項「無罪自白」，內容也極為有趣：

我不做不正當的行為，我不用暴力掠奪，我不曾犯上暴行，我不曾竊盜，我未殺害過男人或女人，我未曾偷斤減兩，我沒有偽善的行為，我未竊取神明之物，我未說過謊言，我未搬走別人的食物，我不說別人的壞話，我未曾攻訐過他人，我不殺害動物，我未讓田地荒廢，我不曾打壞主意，我不為反對而反對，我不做沒理由的讓步，我未曾玷污別人的妻子，我不做骯髒的勾當，我未讓別人感到恐懼，我不曾冒瀆聖潔的季節或時候，我不曾氣得發狂，我沒有一次不傾聽正義與真理的話語，我不曾煽動別人爭鬥，我未讓任何人哭號過，我不從事不潔的性交，我不曾違背自己的良心，我不曾侮辱過別人，我未以暴力行動，我不做輕率的判斷，我不曾對神報復，我不曾饒舌搬弄是非，我不曾用虛偽的心態進行邪惡的行為，我不曾咒詛王上，我不曾弄髒飲水，我不驕傲自大，我不曾咒罵神明，我沒有傲慢無禮的行為，我不追求榮華顯達，我不用不當的手段來增加財富，我不曾內心輕侮神明。……

這裡不厭其煩地引述其中的內容，乃是因為四千年前死者的「否定告白」，即使在現代不也具有驚人的譏諷意味嗎？根據這段自白，死者納布西尼似乎確實是位無可非議的優秀人物，儘管如此，他竟能將這些惡事娓娓動聽地羅列出來，不也讓人感到由衷佩服嗎？

萬一我們必須在奧西烈斯的廳堂進行「否定告白」的話，由於沒有像他那樣能夠痛快否認的自信，因此心臟秤量之後肯定會被守候在旁的怪物吞吃了。這段敘述也讓我們發現，在埃及人的宗教思想裡完全看不到「內省」、「悔改」或「懺悔」等觀念，這也是有趣的地方。他們在審判的場合，像某些國家的國會證言一般，連在眾神之前也發表長篇大論，鼓起三寸不爛之舌自我宣傳如何敬畏神祇、尊敬王上、賑濟窮苦，以及救助在尼羅河遇難船隻的人等等諸如此類的佈施善事。而萬一由於某些證據暴露了自己的惡事時，也會認為隨身攜帶的護身符或神像等的法力會給以保祐而感到心情愉快。

死者的轉生

埃及人約到了第四王朝時代似乎便開始認真地相信死後肉體的復活，一個勁兒地努力製作木乃伊。在他們的信仰裡，人是由肉體與靈魂組合而成，靈魂隨著肉體的死亡而離開，高高地飛翔在空中，前往太陽神拉的周圍，不過，它隨時可再回歸肉體。只要肉體不會腐朽而保持原狀，靈魂便一定能辨認出是自己的軀殼，因而像木乃伊那樣的屍體保存法就成了必要。

可是到了後代，所謂的「復活」已不是回歸原來的肉體，而變成在奧西烈斯的樂土獲得永恆生命的方式了。埃及人之中好像連有教養的人們也放棄了肉體不知何時會復活的信念，對木乃伊的製作雖不特別反對，卻也不太積極。總之，有教養的人似乎認為靈魂就算停留在保持原狀的肉體上，也因死人的醜惡形象而放棄了。

埃及人所認為的靈魂有兩類：「喀」與「叭」。「喀」通常被翻譯成「精靈」這個語彙，指抽象的個性或人格，具有人的形質。在墳場之中，「喀」大致伴隨著自己的木乃伊，但偶爾也會溜出墳墓四處徘徊；另外，「喀」還會寄宿在死者的雕像或畫像之中，也會隨著它們到處移動。「喀」期望獲得人們的供品，若無享用的飲食供品，便會離開墳墓去流浪，尋找人們剩餘的飯菜及飲用髒水。

「叭」就是靈魂，人一死它就昇天，不是歸屬太陽神拉，便是與奧西烈斯住在一起。「叭」在某種情況下會以有形顯現，其他場合則為無形，至於選擇有形或無形，則任憑它的喜好。在紙草文書裡，「叭」往往表現為人頭鳥身的形狀，在上述「秤量死者心臟」的插圖之中，阿倪的「叭」也被描繪成人頭之鷹棲息在塔門之上。

這裡必須注意的是，「叭」是飛往太陽神周圍的死者靈魂之一，但若像後代的埃及人那樣，不相信靈魂會回歸肉體，那麼這便意味著死者變身為鳥了。而雖說是變身，由於死亡介於其間，所以很近似轉生。與印度所說的轉生之不同處，只在於埃及的情況是死者的「叭」立刻化身為鳥，而印度則是按照死者生前所做的業之報應來轉世。

在《死者之書》的範疇裡，在奧西烈斯的廳堂被判決有罪者便喪失復活、再生之途，只是被守候在陶特身後的怪物吞吃而已，除了這種罪報之外，尚未具備因其他某些因素而轉生的思想。事實上，天性樂觀的埃及人的思想是一旦在奧西烈斯的審判廳「成為勝利者」，亦即若被判無罪，便認為自己具有隨心所欲的變身權利，似乎完全沒有因處罰而轉世為鳥、獸或螻蟻等的想法。不過，這也算是埃及風格的轉生吧！

《死者之書》從第七十六章〈讓自己變成自己所喜歡的任何形狀的人〉這一章開始直到第八十九章，其中記載的祈禱文可說最能直截了當地表達了這種思想。這幾章的祈禱文有按照自己的喜好化身為黃金之鷹、蒼鷺、燕子等鳥類，或是化身為具有人類雙足而每日脫胎換骨的怪蛇沙特，更有轉世為克奴姆都城的聖鱷者。

品格高尚者的禱告詞則是希冀轉生為蓮花，最為理所當然的祈禱便是想要回歸原來的人類肉體。其中也有厚顏無恥的希望變成王侯貴族這類主宰者，甚至還有彷彿患上狂妄症般的想成為太陽神的人！由於受到冥府之王奧西烈斯隆重的祝福，所以必須說這類恬不知恥的話語。不過，從其中轉生的對象大都為鳥類來看，一般認為明顯地與太陽崇拜有關。在某些時代，由於要儘可能讓死者靠近太陽神，所以將他們的屍骸放置在樹上或臺上，這便是所謂的「樹上葬」或「臺上葬」。看到啄食死屍的鳥兒飛翔到高空，便認為死者的靈魂化身為鳥兒正飛向太陽神的身邊，這應當是很自然的事吧！同理甲蟲與羽蝨當然也是死者靈魂的化身，不過，有些情況甲蟲會損壞木乃伊，因而受到人們的嫌忌。

至於蛇則如前所述，以兩條相互吞食對方尾巴的蛇來象徵太陽眩眼的光輝，所以是神聖之物；鱷魚在底比斯 (Thebes) 一帶被當成是太陽系中的索貝克神而受到尊崇。蓮花的花瓣在晨曦的照射下發出幽微的聲音而綻開，根據這種優雅的傳說，它還是與太陽有所關連。尤其一提到蓮花，便立刻會讓我們聯想到佛教，但除了蓮花之外，古印度仍有很多習俗與埃及具有密切的關連性。

首先，埃及的太陽神便與佛教的大日如來或阿彌陀佛互相呼應，西方淨土的思想也相同。另外，像焚香、舉行灌頂儀式，以及死者必須渡過「下界的大河」與佛教「三途之川」的類似等等，都讓人覺得古埃及思想傳播到印度的想法是很自然的事。

話雖如此，筆者並不打算像艾略特・史密斯與培里等那些曼徹斯特學派 (Manchester

school）的學者那樣，把所有「陽石文化複合」（Heliolithic Culture-Complex）的東西都當成是古埃及文明的反映，但至少日本古代的「天之鳥船」與紀州的「補陀落渡海」❷，以及東南亞至大洋洲所實行的「船葬」等習俗，從其間種種一致性來看，這些不妨認為是「太陽之船」在東洋的變貌。

❷ 補陀落（普陀落）為梵語 Potalaka 的音譯，義譯為光明山、海島山或小花樹山，位於印度南海岸，是觀世音菩薩居住之山。日本以和歌山縣那智山、四國足摺岬沖等處來比擬。「補陀落渡海」便是以補陀落為目標駕著小舟隻身渡海。

第四章　戴奧尼索斯崇拜與奧爾菲斯教

古代希臘人的來世觀

古希臘的眾神原本與以色列的部族神耶和華不同，既無超越性也非具有唯一絕對之尊嚴的神祇，諸神的風采是極為人間性的，人類所具有的種種品格缺點，諸神亦有。神祇和人類一樣會互相憎恨、彼此嫉妒、相互競爭，會欺騙別人、陷害他人、做些背義私通的事。

不過，諸神與人類之間有其不可跨越的鴻溝，諸神與人類相隔之處便是神祇不死，相對於神祇的永恆，人類則是該死的生物，像在風中飄零的落葉那樣，是毫無保障的存在，正如荷馬所教導的：「你不可期望成神，記住啊！你是該死的人。」

那麼這個命中註定該死的人類，死後將會前往何處？古希臘詩人海希奧德(Hesiod)將人類的歷史劃分為「黃金時代」、「銀時代」、「青銅時代」、「英雄時代」與「鐵時代」五期，以此來區別各時代死者的去處。根據他的說法，在第一期的黃金時代，人若死了便立刻化為地上的精靈，受到與神同樣的崇拜；第二期銀時代的死者境遇雖不如黃金時代，但也能成為寄居在地下的精靈而受人尊敬；第三期青銅時代的死者則前往冥府之王黑地斯(Hades)冰冷的府邸，此後便音訊杳然。

到了第四期的英雄時代，唯有勇者才能移居到水神阿克勞斯(Achelous)的島上樂園，而普通人仍要前往黑地斯的冥府。關於第五期鐵時代之死者的未來，雖然語焉不詳，但因這個時代被記載成像下述般的末世景象：「地上充滿了各種罪惡，海上亦然，疾病不分晝夜的拜訪人們，在深沈的靜默之中唯有惡事猖獗。」因此，死者必定都會被逼進黑地斯的冥府。

前往冥府的人，對於自己已死這回事多少會感到生疏，它是恰如影子般的存在，並不像所謂「不滅之靈魂」那樣的實體觀念。關於這個黑地斯的冥府，記錄在《奧德塞》(*Odysseia*)第十一卷及《奧爾菲斯遊地獄》之中，後來羅馬詩人威吉爾(Publius Vergilius Maro, 70~19 B.C.)在長篇敘事詩《伊尼勒》(*Aeneid*)中詳加敘述，自古以來即膾炙人口。

那地方在西涯之海，水神阿克勞斯的河流有個叫開隆(Charon)的擺渡船夫，搭乘他的小船便可前往黑暗的地獄之國，入口處有隻三頭猛犬(Cerberus)看守，這隻怪獸擺出若有人想從那兒臨陣脫逃就撲上去吞食的架勢。死者一旦下臨到黑地斯與他的妃子波塞福尼(Persephone)

所管轄的領域，便不能返到生者的世界，由於沒有肉體，所以既無活力也無理智，只不過持續著似有若無的虛幻存在。現在以《奧德塞》之中的〈招魂之卷〉為例，陳述特洛伊（Troy）英雄奧德秀斯（Odysseus）在預言家奇勒夏斯之幽靈的指導下，前往冥府探尋自己的命運：

> 船到達了河流的盡頭，那兒有京魅兒人（Cimmer）的土地與城鎮，籠罩在一團雲霧中。光輝的太陽登上佈滿星辰的太空時，或由太空迎向大地時，強烈的日光都照不到他們，可怕的黑夜在可憐的人子頭上擴張著。從靠岸的船上把羊牽到陸地，在到達奇勒夏斯所指示的處所之前，沿著阿克勞斯河邁進……

奧德秀斯在那兒拔出腰上的佩劍，挖出一腕尺（cubit，約長四十六～五十六公分）見方的土穴，在土穴上把帶來作祭品的羊的喉嚨割斷，讓黑血流下，眾死者的鬼魂為了吸吮羊血，紛紛從黑暗之中聚集過來。這些聚合成群的死者們一面嘴裡發出恐怖的叫聲，一面從四面八方擁向土穴的周圍，這些恐怖景象讓奧德秀斯看得臉色發白。不過，他照樣拿著拔出的劍當場坐下，在會見奇勒夏斯的幽靈之前不許死人們靠近羊血。

不久，出現了手上拿著黃金之笏的底比斯預言家奇勒夏斯的幽靈，對奧德秀斯出聲招呼。

而後預言他今後的前途在歷經重重險阻之後，便能返到故國綺色佳城 (Itaca) 與妻兒團聚，安享餘年。奇勒夏斯的幽靈消失在黑地斯府邸的幽深之處後，奧德秀斯碰見了亡母的幽靈。他看到眼前亡母的容姿，因過於懷念而想向前擁抱，但亡母的幽靈如影似幻般從他的手中輕飄飄地溜出，這回愈發讓他的內心感到尖銳的刺痛。

> 母親大人，就算在冥府也要彼此互相搭上愛撫之手，我想要擁抱您，為何要逃開呢？這樣讓我更加感到悲嘆！尊貴的冥府之后波塞福尼啊，您就派遣這個幻影給我嗎？

奧德秀斯一發出這樣的疑問，亡母的幽靈便回答：

> 啊，所有的人們都這樣，何況是我？我可憐的兒子啊！這不是身為宙斯 (Zeus) 女兒的波塞福尼想要欺騙你——不，這是人死的時候人子的命運。因為死後肌肉筋骨都已渙散，生命一旦離開白骨，便在熊熊烈火中回歸於無，靈魂正如夢般飛走，輕飄飄四處遊蕩。不過，請你儘快回到陽光之下，日後也將這話轉告你的王后佩娜羅佩 (Penelope)……

奧德秀斯如此與母親幽靈話別之後，又邂逅了曾共同參與進攻特洛伊的盟友阿加孟龍（Agamemnon，邁錫尼王）與阿奇里斯（Achilleus，帖薩利王）。這位當年擔任希臘聯軍統帥的阿加孟龍，如今形容枯槁，早已看不到昔日英姿勃發的影子；而被人頌揚為希臘聯軍中古今無雙的勇將阿奇里斯，也已消失了英勇的容姿。奧德秀斯對著阿奇里斯的幽靈如此安慰他：

> 阿奇里斯啊，希臘人第一勇者啊！……以前未曾有人像你這麼幸運，以後也不會有吧！從前你還活著的時候，我們希臘人敬你如神，而現在即使在冥府裡，你也是死者之間的王。因此，阿奇里斯啊！你就算死了也不必嘆息。

聽到這話，阿奇里斯的幽靈立刻回答：

> 光榮的奧德秀斯啊！請不要為死亡粉飾。與其做個毫無生命的死人之王，我寧願當個既無多餘的存糧過活也未擁有土地的男性農奴……。

古希臘人究竟如何看待生死呢？從上述奧德秀斯的母親及其同袍阿奇里斯的話語中，可以清楚地窺探他們的來世觀。尤其在荷馬時代尚無正直者前往的退隱之處或罪人奔赴的冥界(Tartaros)等思想，所以死亡的人類靈魂一律都歸往黑地斯與波塞福尼所管轄的冥府，在那兒不過如影似幻般地過日子。並且，靈魂不具有生命，因而無所謂永生與復活，即使不會滅亡，活著也沒什麼意味。由此可以看出古希臘人現世的、頹廢的傾向，這意味著希臘文化的光明面同時隱藏另外的陰暗面。

戴奧尼索斯(Dionysos)的出現

「人若死了，只是消逝。」上述古希臘人的來世觀非常簡單明瞭，但單是這樣還是不能滿足人們的宗教心理。死亡後人類的靈魂恰如「洞窟中的蝙蝠」，只在永遠的黑暗中鼓翼活動，若人死只化為幻影般的存在，那麼人生之中偉大的、高貴的事物又有何意義可言?!這裡讓人感到有趣的，是被認為最新加入為奧林帕斯山(Olympus)十二神的戴奧尼索斯崇拜。

戴奧尼索斯的希臘文義有山上新來主人（即宙斯）的意味，他是宙斯與卡德馬斯王的公主賽美麗(Semele)的兒子，可是他本來不是希臘本土的神，而是自古以來被稱為色雷斯（Thracia, Thraki 希）這個國家的草木神。色雷斯國土位於流入黑海的多瑙河以南至馬其頓，他們與希臘人同種，屬於雅利安系的民族，但有以人為祭品、紋身、火葬等奇風異俗，又有販賣子女、供給奴隸的惡習，所以似乎被希臘人當成「野蠻人」。

不過另一方面，希臘人很看重他們好戰而勇敢的品質，讓他們很多人當上傭兵。後來構成亞歷山大大帝的軍隊核心分子，便是這些色雷斯人。從這種民族性來考量，一般認為色雷斯人更近似當日在中歐密林地帶從事狩獵生活的日耳曼民族。色雷斯人所崇拜的神祇，除了這位戴奧尼索斯之外，還有阿利斯 (Ares) 與阿提米斯 (Artemis) 等，前者為軍神而後者為狩獵之神，由此也可以窺見他們粗野的民族性。

按照神話的說法，戴奧尼索斯成了宙斯與賽美麗所生的兒子，而他母親的名字 Semele 在色雷斯語裡意味著土地。總之，賽美麗成了色雷斯的地母神，由此產生了戴奧尼索斯草木之神的神格。

這位草木之神傳到希臘成為葡萄樹之神，進而成為酒神巴卡斯 (Bakchos)，但此神陶醉、忘我的性格是原有的，是在色雷斯的祕密儀式裡已經看得到的特質。關於色雷斯當地的戴奧尼索斯崇拜，其祭祀儀式極為怪異，足以讓人看了心驚肉跳。祭儀在黑夜的山頂舉行，在信徒們各自掄起火炬的搖曳光焰下，敲響鐃鈸、擊打大鼓、吹奏笛音，在這些喧鬧樂聲的刺激下，信徒們跟著合唱、跳舞。

信徒大都為婦女，那些婦女都穿著狐裘，外面再套上牝鹿皮襖，頭上戴著鹿角，一面披散頭髮隨風飛揚，一面狂歡跳舞。她們一面手上握著「神聖之蛇」或揮舞短刀、揮動套上槍尖的常春藤木棍，一面圍成一大圈大跳其舞。不久，信徒們在極度喧鬧的樂聲與旋風般的舞蹈之中達到了狂熱忘我之境，於是趴到供作祭品的動物身上，將牠的四肢支解下來，和著血滴活剝生吞。這種祭儀究竟意味著什麼呢？

喚起人們恐怖之感的黑夜與火炬搖曳的火焰，在震耳欲聾的樂聲催促中跳著旋風般的舞蹈，動物祭品滴落的血流呈現驚心動魄的非人世景象，猛飲讓人陶醉的飲料或借助印度大麻(hashish)等的麻醉藥效，愈發激揚內心的幻想，信徒們興奮狂歡之極而迷失忘我，於是靈魂出竅而與神靈合一。並且，這些信徒們的靈魂已集體化，這種集體化的靈魂因戴奧尼索斯而獲得了依靠。戴奧尼索斯說起來正是這些信眾集體意識恍惚狀態下的投影，這種狀態打破了人們個別化的原理而集體與神合而為一。若把這種集體性略去不論，便很近似波蘭民族學家查布里克稱為「北極地區歇斯底里症」的撒滿教狀態了。

依憑這位神祇達到神人合一狀態的人，才具有預言的資格，唯有經歷這種體驗的人方被認為是真正的預言家。在色雷斯有個貝茲索伊部族，他們住在高山之頂發佈預言，戴奧尼索斯的神殿裡有巫女擔任神職，若處於神靈附體的狀態便傳述神諭。由此說來，這不正是撒滿教嗎？這種藉由靈魂出竅達到神人合一的思想，對於希臘原來的宗教思想當然是一大衝擊。

如前所述，在古希臘的傳統宗教思想裡，神是不死的永恆存在，而人類的生命會如泡沫般的消逝，神與人之間有其不可跨越的鴻溝。可是，這裡由於戴奧尼索斯神的出現，打破了神人之間的界限。因為藉由脫魂狀態，靈魂脫離肉體而獨立成為永恆不滅的東西，人經由神人合一而成為神。

即使在荷馬時代也並非沒有人類的靈魂死後會繼續存在的思想，但對靈魂永存不滅的信念可說非常淡薄。人死後靈魂還能存續，但只在受到生者追憶及舉行祭祀的時候，若非如此，死者的靈魂便會沒入逐漸淡化的影子中消失，這是當時一般的想法。

靈魂從肉體解脫而永遠獨立存在，這種想法對他們而言真是難以想像，因為他們毫無靈魂不滅的積極性思想。因此，由於戴奧尼索斯的傳入產生了神人合一的思想，這對希臘的宗教思想可說具有劃時代的意義吧！

悲劇的產生

一般認為戴奧尼索斯崇拜的祕密儀式宗教約在紀元前八世紀傳入希臘，荷馬似乎也知道色雷斯人的宗教，但並未特別加以重視，只有一、二次把這位神祇附加在奧林帕斯山諸神之中用來作為敘事詩的背景。另外讓人感到不可思議的是，這種戴奧尼索斯崇拜並非從色雷斯直接經由馬其頓或勒沙利亞 (Thessalia) 等陸路傳進希臘，而是越過赫勒斯滂海峽 (Hellespontcos)，即今達達尼爾海峽 (Dardanelles) 往弗利然 (Frisian) 發展，再由此橫渡愛琴海登陸希臘。根據神話的說法，戴奧尼索斯由於受到繼母希拉 (Hera) 的詛咒而發狂，從底比斯的故鄉被放逐之後，成為流浪漢遍遊世界各地。

傳說他的旅程從色雷斯到小亞細亞的夫利基亞、敘利亞及埃及諸國，甚至遠到過印度。由此神話來看，暗示著這些土地與戴奧尼索斯崇拜具有某些關係。這種祕密儀式宗教在傳入希臘本土的當時，當然不得不面臨來自各方面激烈的抗拒。

古希臘的精神原本像尼采 (F. W. Nietzsche) 所說的具有「阿波羅」(Apollo) 的傾向，注重邏輯，理智上以洗鍊、典雅為主旨，以諧和美為理想。此時從他們輕蔑為「野蠻人」之國的色雷斯傳入與此精神完全對立的異教，因而遭受反擊乃理所當然。此教最初在各地方受到嚴重的迫害與排斥，但不久逐漸滲透到希臘人們之間，尤里披蒂 (Euripidēs, 480~406 B.C.) 的代表性劇作《貝姬》(*Bacchae*)❶之中，最能展現出其間的過程。

❶ Bacchae 為酒神 Bacchus 之女伴、女性崇拜者或女祭司。

尤里披蒂是代表希臘戲劇史第三期的寫實派作家，對諸神的虛偽與不通人情抱持懷疑態度，批判傳統宗教與現實政治，是位推崇理智而具有冷靜性向的人，但在這部《貝姬》的劇作中，結局卻不得不對戴奧尼索斯崇拜加以肯定。這部《貝姬》據說是尤里披蒂晚年受到馬其頓王阿契勞斯(Archelaus)的邀請在王宮裡撰著的，而這不單只是他本身思想的轉機，在希臘思想史上也可說是具有重大意義的作品。

這部作品的情節倒較為單純，那是在底比斯的城鎮裡，有群邪教徒在狂歡跳舞，它像巨大漣漪般擴展開來。國王彭條斯(Pentheus)想要逮捕主神戴奧尼索斯，以防止他們的狂亂失序，但國王卻反而遭到狂熱信徒中的婦女們所殺害。當時要去逮捕戴奧尼索斯的彭條斯，被信眾的指導者看花了眼，大叫：「獅子來了，怪物要混進森林裡來。殺了那隻獅子！」而那位大聲呼叫的指導者不是別人，正是彭條斯的母親阿葛貝。阿葛貝在祕密儀式的恍惚狀態中變得盲目，把自己的兒子錯看成獅子。

尤里披蒂原本是位理性的作家，因此整個生涯都不斷在指責這種因非理性的激情而導致民眾狂亂、陷溺的迷信。可是，到了晚年不知何故，對於這種非理性的戴奧尼索斯崇拜的祕密儀式寄與不少關心，甚至可說是加以讚嘆。公開發表母親因過於盲信以致親手殺害自己兒子的無理劇情，雖然對此加以責備，但也用合唱團歌詠道：「這個世上的智慧沒有了悟，唯有驕傲自滿與瘋狂。」再者，從劇情之中也能知道，色雷斯傳來的異教儘管受到統治者的壓迫與排斥，卻仍開始滔滔不絕地沖刷阿波羅崇拜的傳統，主要原因便在於婦女信徒的增加。因為這種感性而衝動、並具有神祕而幻想性格的宗教，比起理性而典雅、但卻有點冷淡的傳統阿波羅崇拜來，更投合婦人們的喜好。不過，這個新來的異教為了在希臘國土立下根基，必須在某種程度上與傳統的宗教進行協調與妥協而受到希臘化。曾經在色雷斯山野所舉行像蠻族饗宴般的粗野祕密儀式便逐漸消失蹤影，終於美化成具有希臘式嚴肅的儀式。

雖說原本是「色雷斯的草木之神」，但恐怕在此之前正如印度大麻那樣會讓食用者陶醉而引起奔放華麗的幻覺，必定是位麻藥植物之神。戴奧尼索斯傳入後成為平凡的葡萄樹之神，單從他終至變身為酒神巴卡斯的過程，便足夠清楚的說明這一點。希臘自古以來的阿波羅信仰與外國傳入的所謂戴奧尼索斯崇拜，這種互相對立之宗教的調合，由於彼此的接近而拓寬了希臘文化的層面。古希臘產生的悲劇便是其例，如所周知，這是開始於戴奧尼索斯的祭祀儀式中所吟頌的合唱歌。因為吟頌合唱歌者是由信眾裝扮成祭神眷屬的山羊與妖精，但後來在合唱的間暇加入動作或獨白等戲劇要素，而變成讓這些眷屬將劇情表演出來。

悲劇的希臘語彙為 tragoidia，它之所以具有「山羊之歌」的蘊義，便是起因於此。不過，這純粹是形式上的起源，希臘戲劇本身的內在要素遠在色雷斯的戴奧尼索斯之祕密儀式中即已孕育了。

大致說來，戲劇中舞臺上的演員已非自己，而是化身為另外的人物陳述臺詞、表演動作，因而此時演員若能進行人格的轉換最為理想。可是，在舉行戴奧尼索斯祕密儀式之際的意識恍惚狀態，自己因神而獲得依靠，完全轉變成別人，所以它正好是未加巧飾的劇情，可以說是具備了戲劇的真髓。因而若說沒有戴奧尼索斯崇拜的傳入，那麼希臘就難望發展出那些偉大的戲劇，並非過言。

不久，希臘南部特爾菲（Delphi）神殿的阿波羅祭司甚至採行戴奧尼索斯的祭祀儀式，使兩位神祇更加接近，最後產生特爾菲神殿的前面奉祀阿波羅而背面奉祀戴奧尼索斯那種並行不悖的狀態。兩神的神格也變成互相融通，其間的區別逐漸模糊，戴奧尼索斯消失了祂粗野的性質，希臘化成典雅的神祇。不過，這種情形只出現在阿波羅信仰根據地的特爾菲與雅典等都會區，有些地方仍長久殘留那種彷徨於山野、裂食祭品生肉之祕密儀式的原始型態。

奧爾菲斯（Orpheus）教與輪迴

傳入希臘的戴奧尼索斯崇拜，隨著在伯羅奔尼撒（Peloponnesus）半島一帶的擴展，不久那兒便出現了一群不滿祂喪失原型而傾向希臘化的人們。這群人們在奧爾菲斯教徒的名義之下，以一定的教理團結起來，展開了想要固守曾在色雷斯舉行的同樣戴奧尼索斯祕密儀式的宗教運動。

奧爾菲斯在神話中是阿波羅與繆司女神之一卡萊娥比 (Kalliope) 所生的兒子，不過，有的傳說則說他是出身於色雷斯的天才樂人，因此教團的名稱可能是導源於此。另外，也有人認為教團代表者之一為奧爾菲斯，所以用作教團名義。這個奧爾菲斯教究竟何時、何處出現尚不清楚，但無論如何，在畢達哥拉斯 (Pythagorās) 在世的紀元前六世紀左右，這個教團在希臘本土以及義大利南部已擁有相當勢力一事則甚明確。

有的宗教史家認為該教的中心地在雅典，不過若從這個教團成立的情勢來考量，恐怕會是當時屬於希臘殖民地的南義大利克羅頓 (Croton) 吧！因為那兒有很多色雷斯人移民，而且遠離希臘本土，受到阿波羅信仰的影響較為薄弱。奧爾菲斯教與固有的希臘宗教之不同還在於具有很多用韻文書寫的教典，這些教典相傳是依據那個神話中的樂師奧爾菲斯之神諭而書寫下來的，這大概是與所有的宗教經典一樣為了賦予權威而共有的說法吧！

他們擁有教典這件事，無論如何便意味著奧爾菲斯教具有教理，這在當時的希臘確是罕見的事。因為在同時代的希臘之中，民間的儀式性宗教不用說，即連具有傳統的國家性宗教也未曾將其信仰內容整理成有體系的教理。並且，唯有奧爾菲斯教徒具有教理一事，也是讓他們達到了確立一個教團的方法。在奧爾菲斯教的教典裡，最重要的便是在希臘諸神之中為他們奉祀的主神戴奧尼索斯定位，以及由此導出的倫理觀與來世觀。其中祭祀之神戴奧尼索斯的系譜以所謂的《拉庫宙斯 (Zagreus) 之神話》陳述如下：

戴奧尼索斯最初是宙斯與波塞福尼所生的兒子，取名為拉庫宙斯，年少時即已受到父親的委任代理宙斯統治世界。可是繼母希拉唆使一群撒旦，想用奸計陷害戴奧尼索斯。撒旦們先贈送戴奧尼索斯禮物來討好他的歡心，就在他從贈送的鏡子上觀看自己映照的容貌時，在旁窺伺的撒旦們趁隙突加襲擊。戴奧尼索斯變身了好幾次想逃離他們，但最後變為公牛時，卻被撒旦們抓到了。他們把戴奧尼索斯分裂成八塊貪婪地吞吃，只有心臟被女神雅典娜搶救出來獻給宙斯，宙斯立刻把它吞進肚裡。

戴奧尼索斯不久便如此再生為宙斯與賽美麗的兒子。宙斯把先前吃掉自己兒子的撒旦們用雷火燒死，此時從撒旦們燒成的灰燼之中出現的便是人類。

這個神話大致是根據祭祀之神的經歷，說明色雷斯時代以來作為祕密儀式的行事內容。也就是說，戴奧尼索斯變身為牡牛而被撒旦們吞吃的情節，在祕密儀式之際達到恍惚狀態的信眾藉著撕碎牡牛之肉吞吃的行事，說明其間的宗教性意義。再者，這個拉庫宙斯神話解說人性的根源，而且由於樹立了一種倫理觀而具有重要的意義。

此即從撒旦屍體燒成的灰燼之中出現的人類，具有由撒旦所生的惡與由戴奧尼索斯拉庫宙斯所生的善之善惡雙重性。由此看來，奧爾菲斯教是主張人類必須從撒旦邪惡的束縛中解脫出來獲得自由，回歸人類善性所憑藉的戴奧尼索斯，由此實現純粹的神性生活。這種奧爾菲斯教的倫理觀，被認為是把這個世界看作善惡二神鬥爭之場所的祆教二元論，但由於它更把靈魂的起源及其演變當成教理來開展，所以較為優越。

根據奧爾菲斯教的教理，人類是由靈魂與肉體構成，而靈魂為人類善的要素，肉體則是惡的要素。靈魂也可說是人類真正的自我，本來是在天界與諸神共同生活——不，人類起初是諸神中的一員，可是人類由於在天界犯罪，受到處罰必須墮落到地上的世界，承受肉體而流轉變遷。因此，肉體是捕捉靈魂、將之加以拘禁的牢獄，說起來不過是埋葬生命的墳墓而已。在希臘語裡，肉體與墳墓為同一語源，原因大概便在於此吧！

奧爾菲斯教於是更進而解說生死的輪迴。死是讓肉體與靈魂分離，可是這是真正讓靈魂從肉體解脫嗎？事實並非如此。為什麼呢？因為靈魂墮落到地上寄宿在肉體的緣由，是為了贖償生前所犯的罪，只要他的原罪沒有淨化，即使死了，靈魂暫時能離開肉體，還是必須再度承受人類或動物等的新肉體來寄宿。

人類的靈魂便這樣持續長期煩膩的旅行，不斷重複從這一肉體牢獄轉到另一肉體牢獄，必須以生代生、以世換世地繼續流轉變遷。在奧爾菲斯教裡，這樣便稱為「必然之輪」或「命運的車輪」，是任何人也無法脫身的宿業，是毫無希望的反覆。

那麼死後暫時性的肉體與脫離的靈魂到那裡去呢？這個問題若照奧爾菲斯教的說法，便是靈魂的中間狀態。此時靈魂前往黑地斯的冥府接受審判，若是清淨便受到獎賞，不淨則遭受處罰，按照生前的行事接受恰如其分的報應。罪惡已贖償完畢的靈魂沒有必要再承受肉體，但情況若非如此，就必須寄宿到與其相應的肉體。

由此觀點引申，奧爾菲斯教徒對於靈魂在來世將會寄宿的肉體，便依照它的淨與不淨，分成各種等級來加以評定。例如動物之中獅子為最高等級，植物則為月桂樹，其他依此類推。此外，罪惡已經贖償完畢的靈魂，便不再重複生死的輪迴，而回歸在天界未犯罪以前所具有的不死之本質。於是受到救濟的靈魂在陳述從生死變遷之環解脫出來的喜悅時，據說神明會如此回答道：

> 你，受到祝福的人啊！你代替死者可以成神，你的痛苦已經離去，你可以前往波塞福尼神聖的原野。

何以見得呢？因為從奧爾菲斯教徒的墳墓發掘到的墓碑上面，經常會刻上上述的這類詩句。有些死者身畔有這樣的詩句：

我已對惡行償還債務！

或是下述這類風格的文句：

現在我來朝謁品格高尚的波塞福尼，大慈大悲的神明啊！我來哀求您把我送給虔誠的住家。

從這些詩句來看，也能知道奧爾菲斯教徒的宗教理念極具倫理性。他們為了解脫生死的輪迴，在日常生活裡也遵守嚴格的紀律，避開不淨，勤行禁欲。

儘管認為現世充滿苦惱，卻仍相信唯有現世才是確實的生活，來世的人類恰如沒有容貌的影子般只是虛幻的存在——這類荷馬時代的宗教思想，在奧爾菲斯教裡是完全不見蹤跡的。他們這種思想不久帶給畢達哥拉斯與柏拉圖等人很深的影響，尤其是柏拉圖，在他的著作〈哥佳士〉(Gorgias)之中，便引用尤里披蒂的詩句，藉蘇格拉底之口說：「是誰雖生如死？雖死如生？兩者都不知啊！」

第五章　希臘各家的輪迴觀

畢達哥拉斯 (Pythagorās) 教團

以研究出著名的直角三角形「畢氏定理」而聞名於世的數學家畢達哥拉斯，儘管留下了偉大的成績，但若說他實際上半是傳說中的人物，怕會是讓多數的人感到意外吧！不過，有關這位畢達哥拉斯的各種說法並不一致，據說他生於紀元前五七〇年左右的薩摩斯島 (Samos)，前五〇〇年左右卒於米塔旁頓 (Metapontum)；另外的說法則是生於五五〇年左右，約在五三〇年遷移到義大利南部克羅頓等等，連生卒年都不明確。

可能因為這個緣故，所以畢達哥拉斯愈發受到後世的傳說化，不是恭維他為聖人，便是崇拜他為預言家。關於他的身世，也有傳說是阿波羅的兒子或天使漢密斯 (Hermes) 的兒子。荒郊的野熊聽到他的呼喚會俯首順從，牡牛也停止咀嚼飼草舉頭傾聽，河馬也從河中現身跟他打招呼等等，甚至連這類仿如童話的奇聞軼事都附會在他身上。也有傳說當畢達哥拉斯演講時，人們在遙遠的地方都能同時聽到的奇蹟。

這些傳說的主要根源當是畢達哥拉斯學派的思想及其教派中人的生活，與希臘固有的方式極為不同而讓人感到怪異，一般認為那是受到埃及、腓尼基、喀爾迪 (Chaldean) 等東方文化的濃厚影響所致。大概畢達哥拉斯的故鄉薩摩斯島，自紀元前七世紀以來，即成為連結希臘本土、小亞細亞內陸或埃及航運的中繼站而繁榮起來，由於這種地緣關係，他的思想被認為受到東方影響乃理所當然。

根據傳說，畢達哥拉斯青年時代受到薩摩斯僭稱君王的波力格萊特 (Polycrates) 之派遣，前往埃及王阿美西斯管轄的底比斯，向祭司們學習各種儀式；另外的傳說則是他遍遊波斯與印度一帶，從婆羅門僧侶學到奧義教義。再者，若據新柏拉圖學派哲學家楊普利柯斯 (Iamblichos, 250~320) 所撰《畢達哥拉斯的生平》的說法，則認為：「喀爾迪的哲學似乎產生了古代猶太法利賽教派 (Pharisees) 的輪迴說，他們將此教義傳給了畢達哥拉斯。在猶太人淪為巴比倫俘虜期間，初期 (586 B.C.) 那十二年間畢達哥拉斯也滯留在那兒。」

無論這些說法是否出於揣測之辭，至少有一點難以否認，此即畢達哥拉斯的青年時代曾在東方的某處流浪相當長的一段期間，受到了東方各種宗教的強烈影響。可是，從他返回薩摩斯而記錄上卻呈現長年的空白這點來看，大概是完全成了異鄉人的他並未適應故鄉那種愛奧尼亞 (Ionia) 的習俗，而且僭主波力格萊特的壓迫也讓他難以忍受。他後來便遷居到義大利南部的克羅頓（Croton，即今 Crotona），在當地開辦學園 (academic)——它既是學校，又是基於同胞愛從事協同生活的團體。畢達哥拉斯特別選在這個地方的原因，一般認為是那兒已成了色雷斯及希臘本土移民而來的奧爾菲斯教徒們的新據點。

如前所述，由色雷斯傳入希臘的戴奧尼索斯崇拜，逐漸與固有的阿波羅教結合，喪失了它那獨特的野性，對此不滿而興起的奧爾菲斯教徒們，為了尋求密儀宗教的新天地，便渡海找到南義大利克羅頓這個地方。畢達哥拉斯渡海來到克羅頓據說是在紀元前五三二年，這一年代諸說大致相符，所以一般認為此後所傳的事跡可能很接近史實，不過，此時當地的奧爾菲斯的密儀宗教已經流傳開來。因此，即使認為由於奧爾菲斯教與畢達哥拉斯教團的接觸而相互影響，似乎也難以否認奧爾菲斯教在先而畢達哥拉斯教團在後的這一事實。

但是，畢達哥拉斯教團雖然受到奧爾菲斯教的影響，卻沒有耽溺在狂熱、忘我之中，仍然繼續堅持阿波羅的理性。奧爾菲斯的神祇是戴奧尼索斯，而畢達哥拉斯教團奉祀的卻是阿波羅，此點最能辨明兩者的差異。

畢達哥拉斯教團迅速朝向克羅頓及米塔旁頓（亦為希臘殖民地）等南義大利一帶擴展，

一度達到具有左右克羅頓政界的勢力。於是導致貴族邱隆組織黨徒加以對抗，以克羅頓為中心進行激烈的政治鬥爭，結果畢達哥拉斯這方面終於敗北，集會場所到處遭受掠奪焚毀，逼得畢達哥拉斯逃到米塔旁頓，鬱鬱以終。畢達哥拉斯卒後兩派仍持續互相鬥爭，據說由於邱隆黨的大肆屠殺，畢達哥拉斯教團幾乎瀕臨滅亡。由於畢達哥拉斯受到奧爾菲斯教的影響，所以他們靈魂救濟的教義與禁欲生活的戒律和奧爾菲斯教大同小異，只不過畢達哥拉斯教團不像奧爾菲斯教那樣以戴奧尼索斯崇拜為中心，會在夜晚火炬的光焰之下，披上野獸的毛皮舉行狂歡熱舞的祕密儀式。

關於這方面，畢達哥拉斯徹底是位冷靜的愛奧尼亞人，不會像奧爾菲斯教那樣陶醉、耽溺於靈魂脫離肉體與神冥合的忘我境界，而會埋首致力於像數學那樣抽象的學問；在音樂方面，奧爾菲斯教也是當成誘引靈魂興奮的宗教手段，而畢達哥拉斯教團則是用來當成讓精神寧靜的工具。

畢達哥拉斯學派以數學原理來解釋世界而提倡「萬物為數」的學說，根據他們的觀點，小至聲音的高低，大至天體的運行，全都可以還原成數的關係。數由奇數與偶數組成，奇數意謂有限，而偶數意謂無限。如此一來，數發展成為價值判斷的尺度，後期畢達哥拉斯學派甚至步入以奇數為有限、神、善而偶數為無限、物質、惡那樣的神祕主義。由此看來，可知他們的數之理論仍處於混同形相與質量的幼稚階段。

肉食之罪

畢達哥拉斯並未留下任何書寫的教條，但若根據這一學派的說法，他們所抱持的輪迴觀大約如下所述：

> 人類的靈魂是不滅的實體，原本屬於神，但因遭受前世所犯之罪的報應，以至於從神的世界淪落而囚禁在地上這個肉體的牢獄裡。可是，靈魂的性質本來與肉體完全相反，因此靈魂並不貼緊肉體，經常處於不安定的狀態。靈魂不像是個人人格那樣的東西，與肉體之間形成有機關係，這兩者是完全不同的東西。一旦死亡降臨，靈魂從肉體分離，便下臨冥府黑地斯的煉獄受苦受難，淨化之後再返回天界，但有些靈魂不能昇天而成了遊魂，繼續在地上彷徨。遊魂雖非生者肉眼所能看得見，卻是不斷繼續在生者周圍飛翔，陽光之中無數浮遊的塵埃實際上便是尋找肉體寄寓的流浪遊魂之形態。靈魂除了人類之外，也必須寄寓在其他動物的肉體上，因死而脫離肉體，因生而與肉體

連繫，如此流轉變遷持續長途之旅。

據說畢達哥拉斯記得自己靈魂轉生之旅的經歷，在篤信的弟子中悄悄談論這項傳聞。其後羅馬奧古斯都大帝時期的詩人奧維德（Publius Ovidius Naso, 43 B.C.~17 A.D.）在他的著作《變身物語》（Metamorphoses）裡所提到的「畢達哥拉斯之教義」等，似乎便具有這樣的意味：

哎呀，人類啊！害怕冰冷死亡的人們啊！諸君為何害怕斯提克斯河（Styx，流往冥界之河）拆洗的東西呢？它並不具實在性，不過像姓名那樣的東西，只是詩人的幻想、虛構的危險罷了！為何對此感到害怕呢？肉體這種東西會因火葬薪架的火焰而燒毀，會因經年的腐敗而消滅，然而死亡之後再也不會感受到些微的痛苦。靈魂則剛好與此相反而不會死亡，它若離開原來的居所，便經常會尋求新的住家，在那兒定居下來繼續生活。當特洛伊戰爭之時，胸膛被美內勞斯（斯巴達王 Menelaus）沈重的標槍擊中倒地的潘達路斯（特洛伊大將 Pandarus）的兒子，即連現在的我，對此也還記憶猶新。最近在羅馬朱諾（羅馬天后 Juno）神殿所看到的楯，我還辨識得出那是當時自己左手所持的楯。所有的東西都不斷在轉變，但沒有一樣東西消滅。生命的氣息轉來轉去，從甲變遷到乙，從乙變遷到丙，絡繹不絕地寄宿在肉體裡。既有從動物的身體遷移到人類的身體，也有從人類的身體移居到動物的身體。並且，決不會死滅，恰如柔軟的蠟，一旦賦予新的形狀，就不再是原來的形狀，儘管絲毫不再保留原來的形狀，卻依舊是同樣的蠟。若照我的說法，靈魂也經常處於同樣的狀況，只不過是移居在種種不同的面貌中而已。因此，我想大聲呼籲：不要因胡亂進食而玷污為人之道；要小心不要因罪孽深重的殺戮而讓諸君的靈魂從住家被驅逐出境，血債血還是不可以的。

據說畢達哥拉斯有一次還曾對一位正在痛打幼犬的男人說：「不要揍牠！牠體內寄居著我們朋友的靈魂，從牠悲鳴的聲音便可知道。」

畢達哥拉斯學派這種輪迴轉生說，既有宗教意味，又具倫理意義。此即靈魂究竟會寄寓在何種肉體展開怎樣的新生，乃由該靈魂在前世的作為是積存善事或為非作歹所決定的。

為了要擺脫生死輪迴再度成為天上的靈魂而指示一條救濟的途徑，便成了畢達哥拉斯教團的目的。教團由忠實遵守戒律的人們所成立，以對神虔敬為目標。他們以精進潔齋為宗旨，嚴守禁欲生活，禁欲是為了護衛靈魂避開諸惡的誘惑，他們禁止肉食，除了獸肉之外，連魚肉也不吃。

素食之中還有「勿食豆類」等訓誡，這種戒條的由來難究其詳，不過，禁食肉類則顯然是由那種輪迴思想所產生的，因而畢達哥拉斯教團的人們似乎連在神前宰殺犧牲獻祭的行為也加以反對。茲再引用羅馬詩人威吉爾的敘述來說明：

> 最初成為犧牲祭品的豬，因為用牠翹起的鼻子反覆挖掘田地的種子，粉碎了秋天收成的期望，被殺乃認為理所當然；還有，山羊會胡亂啃食葡萄葉，所以便成了供奉在要求懲罰的酒神巴卡斯神壇前的祭品。的確，以這兩種動物的情況來看，都可說是自作自受，可是綿羊到底犯了什麼罪惡呢？性情溫和的綿羊，牠們是為了幫助人類的生活而生下來的，乳房充滿了甘醇的羊奶，牠們身上的長毛成了我們柔軟的衣服，活著不是比死更有用處嗎？另外，牛又幹了什麼壞事呢？牠們豈非生來就不會虛偽，也不懂巧詐，既溫馴又單純，連辛苦的勞動也能默默忍受的動物嗎？的確，替自己田地耕種的勞動者，剛一給牠卸下犁鋤的重擔，便將牠殺害的那種人；靠牠備妥了秋季的收穫，卻用無情的利斧砍進牠那因勞動而磨損的頸項的那種人，真可說是忘恩負義之徒、坐享大地收成之毫無價值的傢伙！並且，犯上這種罪行而不停止的人們，正是為了神的緣故，甚至想殺戮那孜孜不倦勤於耕作的牛隻來討好天上眾神的歡心。純潔而格外優

美的犧牲動物，用黃金與花環裝飾起來被牽引到祭壇的前面，不知自身面臨的命運，耳聞祭司們喃喃的祈禱聲，目不轉睛地盯著自己辛勞工作所收成的穀物被人撒在前額的兩角之間。不久，一旦遭受最後的致命一擊，恐怕才剛從清淨之水（聖水）裡看到映照的頭角，便已沾染自身鮮紅的血跡。於是人們立刻從牠仍在微微跳動著的胸口掏出內臟，藉此推斷其中顯現的眾神之心意（肝臟占卜）。啊！對於被禁制的食物，究竟從何處也生出如此強烈的欲求呢？人們啊！你們膽敢吃此牛肉嗎？我但願諸君停止這種無謂的殺戮，希望聽從我的忠告！當諸君在家裡進食宰殺的牛肉時，請勿忘記是在吃自己田地的耕作者。

這位威吉爾能將畢達哥拉斯的思想傳達到怎樣的程度，是有些疑問，不過，認為這種對犧牲祭品的想法是畢達哥拉斯教團獨有的觀點，則大致不差。在奧爾菲斯教裡，肉食是受到禁制的，唯有食用供作祭品的生肉是例外。畢達哥拉斯教團在這方面的差異，一般懷疑可能是受到遙遠東方——尤其是印度一帶——的強烈影響。畢達哥拉斯教團的人們除了這種戒律之外，還會身著奇異的制服，赤腳到處遊歷，像印度苦行者那樣輕蔑現世的東西。據說他們處於此世恰如身臨異域，過著遠離塵世的生活。

恩貝多克利 (Empedocles) 的輪迴觀

如前所述，畢達哥拉斯其人的存在頗帶傳說的意味，儘管他的教團因遭到迫害在紀元前五世紀後半葉已處於毀滅狀態，然而這個學派對後世的影響卻實在值得讓人驚嘆。畢達哥拉斯教徒們那種特立不群的風範，在幾乎從南義大利消失的那段期間，生於西西里島的恩貝多克利最先受到這一學派的強烈影響，稍後西洋史上最著名的哲學家柏拉圖——蘇格拉底的門生，從同僚那兒聽到畢達哥拉斯的學說，也印象深刻而心嚮往之。再者，他們的自然學說又因費洛勞斯而獲得傳承，費氏的「地圓運動說」後來成了哥白尼 (Nicolous Copernicus, 1473~1543)「地動說」的先驅；他們對幾何學的貢獻則眾所周知，而在音律學上的造詣，也具有劃時代的成績。

及至進入羅馬帝政時期，以埃及亞歷山大港與敘利亞為中心，出現了很多畢達哥拉斯學派的哲學家與數學家，號稱新柏拉圖學派的蒲魯太納斯 (Plotinus, 205?~270?)、波菲里奧斯 (Porphyrios, 232?~304?) 及楊普利柯斯等學者，同時也屬畢達哥拉斯學派；另外在基督教裡，生於埃及的教父奧里蓋納斯 (Origenēs, 158?~254) 等人顯然也被認為是畢達哥拉斯學派，安普洛休士(Ambrosius, 339?~397)等人亦復如此；並且，猶太教神祕哲學的教理「喀巴拉」(cabala)等，也不容否認明顯受其影響。

現在就來探看恩貝多克利的敘事詩《淨化》(*Katharmoi*)之中歌頌畢達哥拉斯的辭句吧！

他們之中有位具有卓越知識的男子，
那人以最豐富的智慧作為自己的資財，
無與倫比地通曉一切的賢明事業。
的確，他若使出全副精神將自己伸展開來時，
大約便能輕易地看透所有存在的每樣事物
——對於甚至被重複十次以上的人類生涯而言。

後來縱身跳進埃特納火山而被神化了的恩貝多克利，對於「生與死」如此歌詠：

啊，可憐哪！該死的小子們，悲慘的種族啊，未受祝福的人啊！
的確，從這樣的抗爭裡、從這樣的怨嘆中，生下來有何意義！

*

從活著的人們，更換他們的容貌而造出死者
（從死者們造出生者）
女神給靈魂穿上素不相識的肉體外衣……

*

這裡有命運女神的宣言
那是眾神決議的太古律法
永遠具有力量，因重大誓言而被禁閉的某種生命
這就是說，分享永恆生命的精靈們之中
若有犯了過錯，而讓自己的手沾污殺生之血的人
以及若有效法抗爭、立下偽誓的人
這些人要被放逐到至福人們之外，必須流浪一萬週期的三倍

通過這段期間，才能轉世為該死小子們的全部樣貌
照樣接連不斷地在充滿苦難的人生之途輪轉
——此即艾特爾神的力量把他們攆到大海去
大海把他們吐出到外邊
大地把他們推到耀眼的陽光之中
然後，太陽把他們投入空氣的漩渦之中
每種東西都將他們推給他者接收
可是，大家全都憎惡他們
我們現在也是這般人們中的一個
當然只能是被神追趕的流浪者
啊！唯有信奉發狂般地抗爭

而且轉生方面，更要持續恩貝多克利的哲學詩。

我到現在為止，曾經一度是少年、是少女
是灌木、是鳥兒，是浮出海面不會說話的魚

我哭泣，我已嘆息，看到素不相識的土地

*　　*

他們出生在獸類之中時
變成住在山裡、睡在地上的獅子
出生在枝葉翠麗的植物之中時，變成月桂樹

再者，這位詩人對於肉食與屠殺犧牲祭品的厭惡，不斷吶喊出的辭句也與前述羅馬詩人奧維德的「畢達哥拉斯之教義」具有相同的思想：

你們不想停止名聲狼藉的殺戮嗎？
由於內心的疏忽，而看不到自家人在彼此貪婪地互咬嗎！

*

父親舉起已改頭換面的自己親生兒子
多麼粗心地一面獻上祈禱一面將他殺害
人們的心靈讓供作犧牲者的哀求聲給擾亂了
可是，他卻聽不到呼號的聲音
殺戮之後，在宅邸內備辦有點扭曲的食物
同樣地，兒子也這樣對待父親
兒子們若捉到母親
便剝奪她的生命，吞食自家親戚的肉

*

啊！無可寬貸的死亡之日，為何在此之前不讓這個我滅亡呢？
——早於嘴裡吃肉、企圖犯下慘酷的孽業之前

柏拉圖的「回憶說」(anamnesis)

根據傳說，柏拉圖是出生於伯羅奔尼撒（Peloponnesus，希臘南部半島）戰爭時期的雅典名門世家，何以他不像當時多數的青年那樣步上仕宦之途，卻選擇哲學家的隱退生活呢？他二十歲時拜蘇格拉底為師，師事八年，蘇格拉底死後，他暫時託身於同門前輩尤格雷德斯(Eukleidēs)——麥加拉 (Megara) 學派的創始人——之下。然後再從麥加拉出發，遍遊北非塞利尼 (Cyrene)、埃及、南義大利、西西里島等處。尤其是在南義大利，與當時瀕臨潰亡之畢達哥拉斯教團徒眾的接觸，給予他學問上很大的刺激，從這段時期開始撰述的《對話錄》裡所看到的很多主題，似乎可以獲得答案。

總之，柏拉圖哲學裡所受奧爾菲斯教與畢達哥拉斯學派之影響，說來乃是此次遊歷的結果。但是，關於靈魂不滅這方面的影響，明確表現在《對話錄》裡的是他分為三期著述年代的前期終尾至中期。此即〈哥佳士〉以及〈米隆〉以後的內容，尤其在〈米隆〉這一篇裡，柏拉圖將所謂的「回憶說」與輪迴問題巧妙地結合起來，此點頗值吾人注意。

按照柏拉圖的說法，所謂「回憶說」便是：「我們學習事物得到知識，並非獲得新的知識，而是在久遠的過去已經對此有所知聞，只不過是回想起因隔世而忘卻的事物而已。」因此，所謂知識不是因學習而帶進自身以外的東西，乃是從自己靈魂本身之中獲得開示。這是因為我們在前世已知道該種知識，只是把它回想起來而已。就柏拉圖這種立論來看，它的背後當然非有畢達哥拉斯或奧爾菲斯教的輪迴說不可，否則既不相信靈魂的轉生輪迴，這種說法便無意義。

人類的靈魂不死，有時終了——即所謂死，有時再生，但決不會滅亡。因此，必須儘可能過著虔敬的生涯。為什麼呢？因為：

如果贖償了所犯的罪行，波塞福尼（冥王之后）
九年之後，會把這些人的靈魂
送回陽光照射的地上
生出比那些尊貴的王
體力更為優越、智慧更為成熟的人們
被後世的人們歌頌為英雄

那麼靈魂既是不朽，會再轉生到人間，因此這個人世的事物與黑地斯國度的事物，都能加以認識，所以便沒有學不會的東西了。結果不論是品德或其他的東西，能夠想起靈魂前此所知曉的東西也就毫不足為奇了。這也就是說，人的本性都是相同的，靈魂會學習任何事物，因此人們只要勇往直前孜孜不倦地探求，發現本身以外的其他任何東西便毫無障礙。而所謂探求、學而知之，則完全是回憶的性質……

不過，這個問題在據稱是柏拉圖中期著作的那篇著名的《斐都》(*Phaedo*)裡，更發展成具有體系的論述形式。首先在蘇格拉底與西米阿斯的對話裡，主張肉體乃是拘繫靈魂的牢獄：

不是這樣嗎？由於肉體需要養活，所以給我們添加無限的麻煩，而且若罹患什麼病痛，更會妨礙我們的活動。戀愛、欲望、恐懼乃至於各式各樣的幻想，讓我們充滿了很多無謂的東西，由於這樣，結果使我們變得啥也不知。這也是說，戰亂、鬥爭無非是肉體及其欲望所引起的。總之，戰爭是因為要獲得財貨而發生的，我們為照顧肉體而受其任意驅使，便是源於有肉體的緣故，所以即使不合理也非獲得財貨不可。並且又由於這樣，讓我們無暇思考、追求知識……

但是，如果肉體真是這樣的東西，那麼藉由自殺來讓靈魂從此獲得解放不就好了嗎？對於卡貝斯所提的這個問題，蘇格拉底回答如下：

我們人類拘繫於一種牢舍之中，越獄脫逃似乎難以解決問題，因為負責照顧我們的是眾神，我們人類就像是眾神的家畜啊！……

這就是說，人類拘繫於肉體這種牢獄乃是前世所犯罪行的刑罰，因此在刑期未滿之前越獄脫逃，自是有悖於神意。柏拉圖在此處根據希臘哲人赫拉克賴脫(Heraclitus)所說「萬物皆由相對之物生成」的原理，藉蘇格拉底之口闡述生與死為互相對立之事，因此死者是由生者變成，而生者又是由死者生成。因為這樣，所以死者應當再度轉生為生者而必須存在於某處(恐怕是在冥府)。

死亡人們的靈魂是否在黑地斯的冥府？這問題不是可以嘗試用這樣的方式來考慮嗎？……有由此世前往彼世的靈魂，然後死者又前來此處出生。情形若是這樣，亦即生者若是由死者再度誕生的話，那麼我們的靈魂只能存在於彼世。……因此，生者若確實是由死者而非其他東西所生成，如此便可充分證明這個問題……

那麼就算生者是由死者轉生的好了，人類所具有的學習智力只是回憶前世已經獲得的東西而已呢？還是誕生之後所獲得的呢？此處靈魂的本來性質便成了問題。根據柏拉圖的說法，事物有不可分解與可分解兩類，不可分解的東西不會變化，而可分解的東西則存在於生成、變化之中；並且，可分解的東西是目所能見，而不可分解的東西則目不能見。這種目所能見的東西是可用感覺捕捉的質量，而目不能見的東西則為形式（idea 或 form）。相對於目所能見的肉體，靈魂則是目不能見，因此靈魂近似形式而不會滅亡。但是，靈魂當真是不可分解的單一之物嗎？西米阿斯對蘇格拉底提出這樣的疑問。例如靈魂是像琴與弦之和諧的東西，若是因肉體的緊張才造成的東西，那麼它便是綜合之物而能分解，因而會隨同肉體的滅亡而消失：

靈魂若是一種和諧，當然靈魂便可能失掉常度而鬆弛，或是因疾病及其他危害而繃緊，若是這樣，靈魂當會立刻滅亡。而且，就算是最具神性，像聲音或樂器之類的和諧，……若有人認為靈魂乃融合於肉體之中，當面臨所謂的死亡時，它便首先滅亡……對於這樣的說法您的高見如何？

對於這個疑問，蘇格拉底如此回答：

那麼怎樣？你說在人類內部的一切之中，靈魂——尤其具有思慮的靈魂——之外還有具支配能力的東西。……那是遵從肉體條件的靈魂呢？還是反對肉體條件的靈魂？你的意思是說，感到暑熱而想喝水時也加以反對，強迫自己不喝，或是飢腸轆轆時硬是不進食。其他反對肉體條件的靈魂也屢見不鮮……。靈魂若是和諧，便不會反對緊張、鬆弛、震動以及其他不欲和諧的東西，更會遵從它而決不反對吧！然而事實不正與此完全相反嗎？那是因為完全支配稱為靈魂要素的東西，在一切場合一輩子用盡各種反對手段而成為主宰。或者寧冒劇烈的痛苦來懲治肉體；或者溫和地哄勸與教誨，遠離欲望、憤怒與恐懼。對這樣的事，荷馬不也在《奧德塞》之中如此歌詠過嗎？

捶打胸膛，如此譴責心靈
忍耐呀！心……再嚴苛也得忍耐

他如此歌詠時的思想，便是受到肉體的和諧所支配的吧！不，支配這些而成為它們的主宰，豈非遠比和諧更具神性的一種東西嗎？

從柏拉圖這種主張來看，靈魂不單只是肉體的和諧現象，而是支配它的獨立主體，不過，關於此點也引起很多不同的爭論。無論如何，柏拉圖在他的《對話錄》裡，藉蘇格拉底之口來闡述他的輪迴觀，並且敘述其師臨終之事彷如親眼所見，那種才能的確有讓人驚嘆之處！因為在證明「精神權威」與「靈魂不滅」之上，再也沒有人能勝過這位「雅典聖者」了。

他在獄中即使面臨逼近的死亡，和朋友與弟子們仍是談笑如常，對催促他逃亡的親友克里敦的勸告，也是充耳不聞。不久，親自平靜地飲下杯中的毒藥，以最沈著的態度承受自兩腳漸次悄悄貼近的死亡之冰冷。

那位先生步履搖晃，說道腳部變得沈重，便仰面躺下。那個男人——就是當時交給毒藥的男人——說道是這樣啊，便去觸摸那位先生，留出間隔逐腳檢查，然後用力按壓那位先生的腳部，詢問有知覺嗎？那位先生回答沒有知覺。其次探詢膝蓋，然後逐漸按照這種方式往上挪移，那位先生告知已變得冰冷僵硬。那位先生自己也觸摸看看，說道它若升到心臟便要辭世了。

那位先生的下半身已經完全變成冰冷的時候，用衣服覆上，說道：

喂！克里敦，務必給阿斯克雷皮斯神(Asklēpios)❶供上雞隻。請幫我獻祭，不要忘了！

克里敦回道：

我會祭祀的，……其他還有什麼吩咐？

他這樣探問時已聽不到回答，唯有過一會兒產生的痙攣。於是那個男人給他蓋上衣服，此時那位先生的眼睛已動也不動。

蘇格拉底藉由那種令人肅然起敬的死亡，以身殉道來證明「靈魂不滅」，看來比任何巧妙的論證言辭更具說服力。但是，精神對於肉體經常占有優勢地位，而以支配肉體的獨立主體來作為「靈魂不滅」的證據有其盲點，因為無論多麼強韌的精神也會因肉體條件而老耄、衰退與錯亂。

❶ Asklēpios是希臘神話中的醫術之神，為太陽神阿波羅之子，具有起死回生之術，被譽為「生命之友」。

第六章　印度河人的來世觀

雅利安族的故鄉

根據婆羅門教、吠陀（Veda梵）文學或古代印度宗教哲學典籍奧義書(Upaniṣad)等的記載，將古印度精神文明帶至高度水平者是雅利安族，這是截至目前為止有關印度學的定論。不過，實情果真如此嗎？筆者現在就此問題想陳述一些疑義。首先必須問明雅利安族究竟是什麼？它究竟是賦與某一特定人種的名稱呢？還是指使用同一語系之種族的泛稱？雅利安族這個名稱原本與「印歐族」一樣，指的是具有共同祖語而使用同語系語言的人群，被看成是由共同的祖先分支而來，這是構築於語言學基礎上的假說而產生的名稱。

這個問題不妨先從發現印度與波斯古語的一致性談起，此即波斯的祆教聖典《亞吠陀》(*Avesta*)與印度《黎俱吠陀》(*Rg-Veda*，即詩篇吠陀）之間語言的類似，語言學家由此獲致如下的結論：這兩個使用同語系的族群，某段期間曾在伊朗高原的某處共同營生，但在該兩部聖典完成之前分手了。而這兩者都稱呼自己為「雅利安」（意謂尊貴、貴族），因此語言學家稱這個同語系族群為雅利安族。嚴格說來，《黎俱吠陀》的用語為 Arya，而祆教聖典《亞吠陀》的用語是 Airya，兩者字形稍微有點差異，而發音則相同。（現在成為波斯國名的「伊朗」這個語彙，本來也是源自雅利安，它的複數格 aryanam——意謂「雅利安人們的」——這個字，在中世紀的波斯語式成為 eran，它成了今日的 Iran。）

因此，所謂雅利安族乃是語言學上的名稱，並非以人種為基準的稱呼。它似乎不知不覺間成了特定人種的含意，而第二次世界大戰時由於納粹黨的誇大人種差異，更具有推波助瀾的作用。的確，認為使用同系語言的人群屬於同一人種，無異於認為同一人種者理當使用同系語言，同樣都是錯誤的。不過，像人類學者哈頓等人那樣過於強調沒有伴隨人種的文化而否定人種與語言的相關性，大概也是錯誤的。吾人必須避免的，只是不要把語言學上的名稱與人類學的名稱混為一談。

一般認為大約在紀元前一五〇〇年左右，由阿富汗越過興都庫什山脈 (Hindu Kush)，沿著喀布爾 (Kabul) 溪谷南下進入印度河中游的族群，這些身材高、膚色淺、碧眼紅毛而口操具有詞性變化語言的雅利安族，他們的故地究竟在何處至今仍不清楚。有的學者推定它是位在德國北部的波羅的海沿岸，有的則認為是位於黑海北岸的蘇俄南部，但上述的說法在考古學上或語言學上的根據都不免過於薄弱。目前最有力的說法是，紀元前三〇〇〇年時期雅利安的原住地為中央亞細亞的假定。

吾人今日即使不能直接掌握雅利安族的祖語——即所謂印歐原語，大致還能藉由語言化石學 (Linguistic Palaeontology) 的檢討，重構原語時代的狀態，由此來決定流動社會的地理性位置。語言學家首先著眼於有關季節性語彙中印歐語之間單是意謂「秋」的這個用辭便很紛歧的現象，由此推測印歐原語必定缺乏「秋」的語彙。在羅馬史家泰西塔斯 (Cornelius Tacitus, 55?~120?) 的著作《日耳曼》(*Germania*) 裡，也已提到當時日耳曼人不知道「秋」的語彙。不過，雅利安族的母語裡缺乏秋的語彙，與季節上沒有秋天，似乎是不同的問題吧！

熱帶的居民或北極地區的人當然不知秋天的景況，他們自然沒有「秋」的語彙，話雖如此，擁有季節之秋的人們，也未必就具有「秋」的語彙。季節上的有無雖有關係，但主要還是在於當地住民對於季節的關心程度而定。從雅利安的原語中缺乏「虎」、「椰子」等詞彙來看，他們不是熱帶居民，但若為北極地區的住民，則有關自然界的語彙又格外豐富。從其他的因素來推測，那些雅利安族的原住地當在亞熱帶乃至於溫帶地區。雖在亞熱帶或溫帶地區，卻不具秋的語彙，這也就是意味著他們不是對播種與收穫抱著極大關心的農耕族群。

從雅利安族的母語裡缺乏耕地或犁等含意的語彙，便可證明這種見解。今日在德語裡意味耕地的 Acker，與梵文的 ajnes、拉丁語的 ager、哥德語的 akvs 等字具有相同的語根，但它的原意是「押進、驅趕的場所」，也就是說它不過是由趕進家畜之場所、牧場轉化而來的字眼。而雅利安族的母族若是不諳農耕，那麼他們便是屬於海洋民族、狩獵民族或遊牧民族了。以海洋民族說而言，他們的祖語缺少「海」、「湖沼」、「鹽」這類語彙，並且也無「魚」這個一般性的名詞，因此這項可能當然須加排除。其次就狩獵民族說而言，他們懂得弓，有家畜中排名第一的犬，尤其從他們後裔所表現的那種對狗特殊的眷愛，以及從女性對毛皮驚人的迷戀來看，極有可能；但一般認為到了紀元前二〇〇〇年時期，他們不會仍停留於此一階段，理由是種種跡象顯示他們已經擁有家畜中排名第一的馬，也畜養了羊或牛，食用奶油，飲馬奶酒。情形若是如此，他們理應被看成是已非以狩獵生活為主而是進入了遊牧生活的階段了吧！而且，就個人淺見所及，印歐語裡所存在著的文法上的性 (gender)，豈不最能說明他們是遊牧民族嗎？

除了英語之外，印歐語裡的語言幾乎名詞都具有性的區別。法語以及義大利語、西班牙語、葡萄牙語等，名詞都有陽性、陰性的區別；德語乃至俄語，陽性、陰性之外更加上中性，將性區分為三種。並且，這些文法上的性並無關乎生物之性，亦即與 SEX 毫無關係。何以見得?因為這個 GENDER 是無論生物或非生物，一切名詞都具有的。並且，就算同屬印歐語而具有親族關係的語言之間，它的性之劃分出現互相矛盾的情況也不在少數。例如意味太陽的名詞，在法語的 le soleil 為陽性名詞，相對於此，德語的 Die Sonne 則為陰性名詞，而俄語的 солнце 為中性名詞。另外，德語裡意味妻子的 Dsa Weib 是中性名詞，而意味「步哨」的 Die Wache，何以是陰性名詞呢?同樣，法語裡也會因地方不同而有差異，像意味鹽的名詞，北方的 le sé 或者 le sel 為陽性，而南方的 la sau 則為陰性。

由此看來，決定印歐語裡文法上的性全屬偶然，只是受到習慣左右所使然。不過，這個歷經遊牧時代發展而來的印歐語族，筆者從其中看到價值判斷的痕跡。羅馬時代的貨幣上刻有皇帝的肖像，若時代向前推溯，便會出現牛頭的圖案，這就表示在古代家畜是扮演著貨幣的角色。家畜的價值是由牝的雌雄性別所決定的，並且也視成長的程度而定（仔牛被當成是中性）。總之，文法上的性在起初是與生物的性結合，也可說是原始貨幣的家畜，是按照其性別、成長狀況來做交換價值的準衡。

從以上所述來看，雅利安族的故鄉及其母族的面貌，彷彿已從籠罩在昔日的濃霧那邊浮現出來。從紀元前三〇〇〇年至二〇〇〇年期間，雅利安族的故地不是熱帶或寒帶，至少若非亞熱帶，便是溫帶。那兒遠離海洋，既非毗鄰大湖之邊或大河流域，也非適於農耕那樣的平野。若要由此觀點來占測他們的活動領域，那便是位於烏拉山脈以東、帕米爾高原西北的中亞高原，亦即被稱為亞利伊民族及亞利亞國的古代大夏 (Bactria) 之地，此外便找不到相符之處。

雅利安族的泛濫

根據維也納學派民族學家士米德 (Wilhelm Schmidt, 1868~1954) 的說法，中央亞細亞之地直至舊石器時代晚期，由於寇迦薩斯、伊朗、天山、阿爾泰等處的冰河化，與其他的文化圈隔絕，因此在地球上自成別一天地而形成「陸上孤島」。不久，這個區域的北邊開始豢養最初的畜群——馴鹿，它的南邊則漸致馴養馬與駱駝，於是當地形成了遊牧性、父權性、大家族性的獨自文化圈。其後，推測牛與水牛成了這一區域最南端的家畜，而驢馬則為西南端的家畜……。

但在另一方面，也有像德國經濟史學家哈恩那樣，認為當日中亞既無農耕文化，也未產生畜牧業。士米德主張要從中亞尋求遊牧文化之發生的說法，並非沒有討論的餘地，但中亞自第四冰河期以來即成了與其他地方隔絕的特殊地域，則不容否定。並且，在紀元前三〇〇〇年期間，這個區域的最南端頗有些讓人懷疑為亞熱帶氣候之處。

根據十九世紀後半葉德國法學家葉林 (Rudolf Von Jhering, 1818~1892) 所著《印歐族之前史》的敘述，從雅利安族的祖語找不到「廄舍」及「鋪草」這類語彙來看，推定他們的故鄉亞利亞之地，到了冬日期間仍是可以從事野外放牧的溫暖地域。葉林又從雅利安族的遠祖是裸身披著皮圍裙的簡單服飾來證明他的論點，他們從帳幕出發的時期固定在孟春三月，而且遊牧季節限定於三、四、五這三個月，由此斷定他們故鄉的氣候必屬亞熱帶無疑。

首先關於「服裝」的問題，在固守太古習慣及其制度而來的羅馬法所記載的衣著方式，乃是葉林發現答案之處。根據羅馬法律家伽尤士的記載，葉林指出古羅馬在搜查住宅的情況時，受害者裸身披上皮圍裙，手攜一個空盤子，前往嫌疑者家宅搜查；而且，希臘人也表現出同樣的方式。由此推論，此乃雅利安人母族的服飾。

其次關於進入遊牧之旅的時期，肯定在三月初一這天，乃是葉林從羅馬魏斯塔 (Vesta) 禮拜的傳說推論出來的。所謂魏斯塔，是位羅馬的女灶神，希臘名字為赫斯媞雅 (Hestia)。在這位魏斯塔的神殿裡，聖火是由六位稱為魏斯塔爾 (vestal) 的巫女護守著讓它持續燃燒。在羅馬人的信仰裡，認為只要魏斯塔神殿裡的這盞聖火持續燃燒，便會國泰民安，要是聖火熄滅便意味不祥的凶事。

不過，這盞聖火也是預期準確地在三月初一熄滅，當夜魏斯塔爾會在野外摩擦木枝再度點燃，而在希臘與日耳曼也有與此相同的習俗。究竟這裡意味著什麼呢？按照葉林的說法，這正是雅利安母族離開故鄉踏上長途之旅時那種風習的遺痕。古代雅利安人踏上遊牧之旅的時候，男人之中經常有六位巫女伴隨的習俗，這些巫女全都是年輕聖潔的處女，不許結婚。

遊牧之旅的第一個夜晚，點燃野營之火的便是這些巫女們的任務，而這些巫女的後裔就是奉祠魏斯塔神殿的魏斯塔爾。葉林由此推論，雅利安母族踏上遊牧之旅的日子必定是在三月一日這一天。但是，溫帶地區的三月氣候仍是寒風刺骨，殘雪未融，家畜在野外很難找到糧草；並且，大地帶有濕氣以致地面泥濘，是個極不適合大隊人馬移動的季節。因此，葉林推論若是移動時期為魏斯塔之火再度點燃的三月之初，那麼當地必屬亞熱帶地區無疑。

再者，他們的移動只持續三、四、五三個月期間，到六月便停止。關於這一點，葉林也是根據羅馬曆法的傳說加以推論的。羅馬曆的六月一日是卡爾那神 (Carna) 的慶祭，而卡爾那是拉丁民族的「鎖門之神」，因此若認為祂呼應雅利安母族的遊牧時代，便意味著野營時的著手營造小屋。那麼為何一到夏季便驟然停止移動呢？那大概是從事宿營的關係吧！此時正逢家畜的交配期可能是其中的理由之一，而葉林則認為氣候酷熱是其主因。

雅利安族侵入印度旁遮普 (Punjab) 地方後，因陀羅 (Indra) ❶實際上替代了主神提婆

(deva)的地位，便可證明這種論述。因陀羅是雷雨之神，祂成為與暑熱奮戰之神而廣受崇祀，由此大概也可以想像那種暑熱有多麼的酷烈難耐了！（在《黎俱吠陀》裡，獻給因陀羅的讚歌占了全篇的四分之一。）

以上所述是認為雅利安母族的故地在亞熱帶的葉林說法。雅利安母族的移動有時是不再踏上故鄉之土的永別之旅，因此同時也是出發走上戰鬥之路。遊牧民族逐水草而居，過著漂泊的生活，因此比起農耕民族來，需要更廣大的活動空間。譬如以簡陋的原始農耕方式可以養活十戶家庭的土地面積，就遊牧民族的情況，往往連一戶家庭都養不飽。

因而即使是廣大的中亞大草原，遊牧民族所到之處不久也會陷於人口過剩的局面。他們為了尋找新的牧地，必須排除一切困難與阻力向外移動，如此正像潰決長堤滔滔奔流而出的民族之泛濫，而這種泛濫本身，結局當然便意味著戰鬥。由於他們並非行於無人之野，所到之處不得不遭遇到異民族的抗拒。

孟春三月的移動，簡直就是進軍與戰鬥。英語中意指「三月」的March這個語彙，同時也是「行進」的意思，恐怕便是它的遺蹟吧？再者，拉丁語賦予此月的名稱為Mensis Martius，

❶ 因陀羅是印度梵天神話中的雷神，為駕著戰車奔馳在天空的威猛戰神，佛教傳入後成為護法的帝釋天。

便是源於軍神 Mars 而來，它正是作戰之月。於是為了這種以民族存亡為賭注的戰鬥，懦弱者、膽小者便被沈入沼澤，非戰鬥人員遭到了犧牲。對他們而言，「力量便是正義」、「勇敢才是品德」。

戰鬥之前縛手縛腳的東西，全部加以處理。女兒被殺，老人則在渡河之際拋入河流作為送給河神的犧牲品。死者並不埋葬，只將他遺棄在郊野；比較慇勤的處理情況，似乎也止於在屍體上覆上一層薄土而已。因此，雅利安母族的正式葬法當然便是土葬，一般認為是在地面上堆高土塚的塚葬。還有關於死後世界的觀念，大致也與筆者前章所述古希臘人的冥府觀念大同小異；不過，唯有某些被選上的人，死後也能到稱為雅瑪天的樂園去遊玩，享受不輸於現世榮華的幸福生活。

歷史的弔詭

印度學向來主要是由以英國人為中心的歐洲系學者所建立起來的體系，因此在他們的意識根底，無可否認的經常潛藏著白人的優越觀。因為這個緣故，所以他們多數主張：「雅利安族進入比他們本身文化更為低落的民族之地域。」

然而這實在是無謂的偏見，事實剛好與此相反。如上所述，雅利安族不過是漂泊於中亞一帶的遊牧族群，他們之所以能征服印度土著人民，無非是由於人口過剩而以決河之勢由母族向外奔洩，以及因騎馬所具有的高度機動力之軍隊組織而已。

這種擅長騎馬的軍勢，恰如朔北之風，正像漢代劫掠中原的匈奴蠻族一般，因此，他們的主神是相當於希臘人的阿利斯 (Ares) 或羅馬人稱為馬斯 (Mars) 那類軍神的因陀羅。《吠陀》典籍或其他古典文獻便記載著軍神因陀羅與總稱為阿修羅的拿加族、坦拿瓦族、塔蘇尤族之間的抗爭。馬克斯・繆勒 (Friedrich Max Müller, 1823~1900) 等英國語言學家解釋這是象徵旭日與雷雨的爭鬥，但在雅利安族入侵之前，當地已住著具有比他們更高級文化的原住民，所以這不是可以詮釋為由於這些原住民而使他們的侵略遭受到頑強的抵抗嗎？

史前時代即已定居於印度的土著民族，由今日的住民群來加以類推，大約可以分為五群。其一為今日仍停留在食物蒐集階段的錫蘭島上的維塔族，及住在南印度叢林的種族；其二為保留「研磨石器」、口操 Austronesia（中、南太平洋諸島之總稱）語的人群，蒙塔族（Muṇḍā 梵）即為其中的族群；其三為今日仍散布於南印度馬德拉斯省 (Madras) 至科摩林角 (Comorin Cape) 的德拉威族 (Dravidian)；第四群則為阿薩姆及喜馬拉雅山麓的蒙古語族；而相當於最後第五群者，大致便是以具有地中海型之深膚、長頭、矮身的謎樣人種為核心的所謂「印度河文明」的承擔者了。

其中的蒙塔族與德拉威族，有些說法認為他們具有一致性的母語，因此說不定具有某些血緣關係；另外，在印度河文明的承擔者之中，有的還舉出德拉威族來與地中海型並列，不容否認其中難免有些混淆吧！至於有關蒙塔族方面，羅伊 (Robert Harry Lowei, 1883~1957) 在他的著作《蒙塔族及其國土》之中，極力主張與印度前雅利安時代的最高文明結合者，便是這個種族。

根據蒙塔族本身的傳說，他們的發祥地為亞林加爾，在可說是印度黃金時代的薩吉阿・瑜古時期，當地是薩瓦拉族的王國，而所謂薩瓦拉族便是蒙塔族。據說他們的統治權曾達到亞林加爾，而當地留下很多前雅利安期的文化古蹟，正符合此一說法。大概他們在雅利安族的統治權達到當地時，便離開故鄉亞林加爾，歷經歲月，由北印度大平原往南、往東流浪，最後輾轉尋到戈塔・奈古布爾這個地方。

羅伊認為：「在獲得這塊安居之地以前，他們必定歷經相當長一段期間過著寂寥而粗野的生活。在這段期間，他們大概不得不忘掉往日文明的光彩。在持續和平而繁榮的前雅利安時代，他們曾有的高度文明便這樣逐漸步入衰微之途。與嚴苛的自然環境搏鬥，在不斷面臨可怖的野生動物之生存威脅下，使他們從往日登峰造極的文化水準之中日漸淪落，文化成為無關緊要的事，不過這也是毫不足為怪的時勢演變。」

至於德拉威族方面，格斯道佛・奧巴德在他的著作《巴拉特普爾 (Bharatpur) 的原住民族》裡，主張巴魯族、巴哈利族、巴拉達族等，與今日被看作是印度最下層民族的巴利亞族 (Pariah)，都是往日形成有力王國的德拉威族潰敗衰頹後的孑遺族群。關於這種文化的衰頹，一八八一年《王立亞細亞協會雜誌》所刊載的一篇謝林 (M. A. Schelling) 的論文，內容頗具啟發性而引人注目。他說：

> 一提到印度的古代文明，一般人似乎大多立刻會想到雅利安族的東西，亦即取代土著之入侵民族的成果，但這實在是極為錯誤的見解！我愈深入考察，愈不得不深信入侵的雅利安族從土著的原住民族學習之處頗多。然而，原住民族在被迫完全屈服之後歷經了久遠的年代，在高壓之下不斷遭受虐待，在極端苛刻的凌虐下不得不安於難以言狀的侮辱，以致淪落為像今日所見的微賤狀態。因此，從現狀幾乎不可能充分判斷他們固有的天才與昔日的能力……

相隔悠久的時光，我們不易確知當日的詳情，但十六世紀初葉西班牙侵入中南美洲之後，引起印加帝國的沒落，那也正是三千年前印度先住民族之命運的翻版了！並且，我們看到的並非當地被征服的民族向征服民族學習，毋寧說是征服者向被征服者學習，同化於其習俗、繼承其思想的歷史弔詭。而征服印度的雅利安族，學習最多的，不正是那個承擔印度河文明的謎樣民族嗎？

沒有墳場的人民

雅利安族開始由西北方侵入印度河中游的旁遮普地區，一般推定是在紀元前一五〇〇年前後，但令人驚異的，是印度至此已發展出數千年之久的高度文明，並在當時甚至已步入衰頹期。這個文明現在稱為印度河文明，而這個文明的承擔者姑且取名為印度河人。雅利安族當時以遊牧為業，是群四處漂泊的蠻族，相對於此，印度河人已是居住在按照井然有序的都市計畫建設而成的都會之文明人了。

發源於西藏高原喜馬拉雅山北麓的印度河，沿著喀拉崑崙山脈西流，到了喀什米爾便急轉南向，流入旁遮普的平野，在此匯合 Sutlej, Beās, Chenāb, Jhelum, Rāvi 五大支流，再橫越拉吉普坦那 (Rajputana) 西邊注入阿拉伯海。其中的支流拉維河 (Rāvi)，在河道改變之前的古代河床附近，掩埋著遠古繁榮都市哈拉巴 (Harappā) 的遺蹟，這件事早為人們所知，但令人遺憾的是當地近年成了磚塊與砂石的採集場，已經遭到破壞而不能維持原樣了。

因此，當時君臨印度考古學界的馬歇爾 (John Marshall) 爵士，歷經長年時間四方探尋類似哈拉巴的遺蹟，終於在興都省 (Sind) 境內無意中發現到史前時代的都市摩漢周達羅 (Mohenjo-daro)❷。從一九二五年挖掘，進行了數年，終於讓沈泥之下酣睡五千年的古都慢慢甦醒過來，開始述說更多的遠古文明祕密。

摩漢周達羅是比哈拉巴規模更小的市鎮，占地一哩見方，按照一定的都市計畫建構成東西、南北方向井然有序的棋盤狀區隔。多數的住宅是用磚塊建造的兩層建築物，沒有窗戶，大的住宅約為四十坪，小的住宅坪數約為其半。屋內挖有水井，浴室與廁所由排水溝通向戶外覆蓋的下水道。街道的寬度，大街約寬十公尺，小路一公尺半左右，路面都未加上任何鋪設。

看來像是公共建築的房舍裡，有大浴場、穀物貯藏所等；是否為寺院不能判定，但確實有像集會場的場所；另外，也有市場與商店，其中還有被認為一定是餐館的建物。不過，用

❷ 摩漢周達羅位於巴基斯坦南部印度河下游右岸，該處發掘到 2300~1800 B.C. 古印度文明六～七層繁華的都市遺蹟。

灰泥與沖積土燒成的磚塊建造而成的單調建築物，因為沒有窗戶而讓人感到有些鬱悶不舒暢，街道房舍排列的狀況予人嚴峻、不舒服的印象。哈拉巴遺蹟看來較摩漢周達羅古老一些，但儘管兩地相距七百公里，出土物的種類卻大致相同，因此，一般認為這兩個都市差不多繁榮於同一時代而互有交流。

印度河文明的年代隨著兩河流域（美索不達米亞）的發掘而決定了其可能性，從這個地方某些出土物顯示的印度技術來看，可知印度河文明的顛峰期相當於巴比倫尼亞初期王朝時代的後半期。從印度河河谷出土的浮雕著各種動物或有角神像的印章，其上書寫的象形文字書體與原埃拉姆人的書體極為類似，與繼埃拉姆人之後進入兩河流域的蘇美人之記號也有共通之處，因此有些學者推論印度河人與蘇美人也許擁有共同的祖先。而且，摩漢周達羅所發掘到的頭骸骨，與美索不達米亞所發現的極為早期的屍骸屬於同型，此點也能證明上述的推論。

不過，可惜的是在印度河古蹟裡，找不到像蘇美人那樣在曬乾的磚塊上刻下長文的出土品，因此兩者無法做精密的比對。這可能是印度河人的文書是書寫在皮革、樹皮或樹葉之類的物件上，因而在土中腐蝕湮滅了吧！出土印章所刻的動物為象、虎、犀牛、野牛、山羊、猿猴、羚羊、兔子等，不知為何看不到獅子？另外，印度常見的蛇之雕像，只在哈拉巴發現到一些，摩漢周達羅則未曾發現。這些動物之中的某些種類說不定是被當成神祇來崇拜，而印章上面所刻的合歡樹等，看得到樹下有人跪著，由此看來必定也奉行樹木崇拜。

出土的神像極為稀少，但留著鬍鬚用滑石製成的男性神像，穿著繪有像三葉草（clover）花紋那樣的袈裟服飾，看來仍栩栩如生。最值得注意的，是刻在印章上的三面神，它很可能便是濕婆神（Śiva 梵，即大自在天）的原型。此外，還有陶製的母神像，以及被認為是附屬於寺院舞者的青銅製性感少女像等，但數量不多；其他還出土了被認為是 linga❸前身的性神等。這些人物的服飾都與埃及人同樣是半裸體，僅披上腰布、戴著手鐲，由此可以看出氣候一定相當炎熱。他們究竟是那一人種、從何而來往何而去呢？在史前民族的人種定位上，唯有依靠語言學、民族學與人類學來論斷，可是他們留下的文字直至今日還無法解讀，習俗又籠罩在神祕之中，出土的人骨也極為稀少。而讓人感到不可思議的，是印度河畔這兩處歷經數千年繁榮的古代都市，任何處所都找不到類似墓場的地方（哈拉巴郊外的H墓地屬於後代之物）。但是，在這種緘默之中，不正格外能說明他們的宗教思想嗎？根據筆者個人的推斷，印度河人的宗教是太陽崇拜。從他們留下的卍形記號以及傳說阿修羅族的古都城（位於今日之木爾坦 Multan）裡建有太陽殿堂，可以證實這種推論。再者，在古代的印度河時代，似乎

---

❸ 梵語 linga 為印度教裡受膜拜的男根形石柱（濕婆祠裡，則為 Śiva 神的象徵）。

有把族長的屍體製成木乃伊之後再付諸火葬的習俗，這種痕跡今日仍保留在印度各地，而《摩訶婆羅多》(*Mahābhārata*)、《毘瑟笯聖典》(*Visṇu Purāṇa*) 等這些古代宗教典籍都記載著木乃伊的製法，這到底意味著什麼呢？（見 H. M. Wilson, *The Vishnu Purana*, London, 1840, p.388）

木乃伊的製作以太陽崇拜為前提，變形為樹上葬或臺上葬，原因如下所述：印度河人他們既是太陽信仰，同時又是從西方某處來到旁遮普地方，但那兒與今日不同，是個高溫多濕的環境，因此無法保存木乃伊。他們把木乃伊送到印度河的岸邊焚燒，正如今日印度教 (hindu) 教徒在恆河所舉行的那樣，把焚燒的骨灰投入河水之中。此時，死者的靈魂乘著荼毘（火葬）之煙前往天父太陽神的身邊，而化成骨灰的肉體在母親大地的生命之水中復甦，這應該便是他們的宗教思想。

如此想來，摩漢周達羅或哈拉巴的大浴場，不單只是沐浴的場所而已，應該也是宗教性齋戒儀式的場所。以他們的情況來說，並不像古代中國人那樣認為「魂上於天，魄歸於地」，而是魂前往太陽，魄回歸地母印度河，因而地上便無設置墓地的必要了。印度河文明的衰退也是個謎題。河流在六月開始漲水，七、八月到達最高水位，但它不像尼羅河的泛濫那樣準確，因此印度河人終至無法加以預測。河流既會泛濫，而每次泛濫便會改變河道；非但如此，而且隨著西南季節風 (monsoon) 往東移動而使流量減少，泛濫之後變得排水困難，由於隨之而來的鹽害而使土地荒廢。哈拉巴化為廢墟明顯的便是這個緣故，但摩漢周達羅的破壞則恐怕是遭到藏匿於基爾塔爾山脈 (Kirthar Ra.) 蠻族的襲擊，抑或是後來發生的雅利安族波浪式的入侵而引起的吧！一九二五年從摩漢周達羅發掘到的二十一具歪曲的骸骨，正如 Mohenjo-daro 的字面文義，只不過在訴說這兒是「死者之街」而已！

第七章　奧義書的輪迴觀

《黎俱吠陀》(*Rg-Veda*)之中雅利安的神祇觀

一般認為婆羅門教的聖典《吠陀》(*Veda*)是奠基於雅利安族的宗教，他們在紀元前一五〇〇年左右，由西北方侵入印度河流域，征服了塔薩、塔蘇尤等黑膚低鼻的原住民而成為該地的統治者，但《吠陀》的成立並非一般所說的那麼單純。如前所述，在這場毋寧說是征服者受到被征服者啟迪的歷史弔詭裡，我們仍能看到其中曲折的狀況。

曾經承擔印度河文明榮耀的那些謎樣的族群，雖說被征服、遭壓迫而潰散，然而他們的信仰決未消滅。它由於受到成為新統治者之雅利安族的繼承、改變、融合而殘留在其神話、宗教詩或哲學之中，並且倖存於歷史底流的民間信仰之中。

《吠陀》經典常被人用來與祆教經典《亞吠陀》作比較，其實這兩者類似之處不多，反而是相異之處更為顯著。就算侵入印度的雅利安族與住在伊朗的族群擁有共同的母族，並且某一時期曾在伊朗高原共同生活，但在分道揚鑣之後，雙方所處風土環境的差異，及與各種不同原住民的混血，終至讓他們的宗教觀、世界觀產生了懸殊性的差異。此即印度教為三神一體觀，而祆教則是徹底的二元神觀。

以印度的情況來說，象徵自然界恩惠的太陽神毘瑟笯 (Viṣṇu) 與象徵災害的暴風雨之神濕婆 (Śiva)，兩者在梵天 (Brahmā) 之一元的統一下，成為三神一體；而在伊朗方面，象徵沃野的智慧之神 Ahura Mazda 與象徵沙漠的黑暗惡靈 Ahriman，兩者因處於絕對不相容的相剋關係而互相對立抗爭，因而是二元神論。在吠陀經典中，《黎俱吠陀》算是年代最古的典籍，但它甚至也說不上是植基於雅利安族固有的宗教。唯有追溯祆教以前的古代伊朗宗教，藉由探尋其中的類似處，雖模糊不清但勉強能識別他們固有的東西與受到原住民信仰之影響的產物。

在《黎俱吠陀》中看得到某些神名，與伊朗雅利安族類似，這些神祇才是他們固有的東西，表示他們來到印度以前即已在故國受到尊崇，這些神祇也是他們曾在那兒從事遊牧生活的故國風土之反映吧！例如《黎俱吠陀》中的太陽密提拉 (Mitra) 與伊朗的光明之神密斯拉 (Mithra) 呼應，前者的死者之王雅瑪與後者的原人伊瑪呼應。另外，《黎俱吠陀》裡表示天則的Ṛta、酒神Soma、降龍英雄Vrtrahan（因陀羅Indra之別名）等，都各自可從伊朗的古代宗教裡找到類似的相應人物。

不過，不可思議的是，《黎俱吠陀》的天神在伊朗卻是惡靈，而伊朗的善神在《黎俱吠陀》裡卻是惡魔，這究竟意味著什麼？除了這種神名的一致性之外，向神祇供獻祭品、禮拜火（古代的伊朗稱祭司為火人）、尊重馬等，是印度與伊朗共通的風俗習慣。

總之，與人恩惠者便是神靈，帶來災禍者便是惡魔，他們的宗教無非是如此單純的自然神教，當時侵入印度河上游地方的雅利安族不過才處於這種階段。他們的天神、太陽神、晨曦女神、雨神、風神、暴風雨神、水神、火神、雷神等等，都只是自然現象的神格化而已。

在《黎俱吠陀》裡，除了這些自然神祇之外，法律之神Varṇa、信仰之神、語言之神以及象徵無限的Aditi等抽象神祇也出現了，不過這些若與那種自然神祇相比，當然應是後世的產物了。但是，天神也好，太陽神也罷，在印度雅利安族的神話裡，並沒有像希臘神話的宙斯那樣賦予主神的地位。印度雅利安的人們，為了祈求富貴、長壽、健康、繁榮、勝利而免除不幸、災禍、疾病、苦難，不過是按照他們各個時期的願望敦請適當的神祇降臨齋場，供獻祭品進行祈禱而已，那種態度極為現實，說起來是「現世利益」性的。

例如為了祈求勝利而恭迎軍神因陀羅，為了請求赦罪而敦請法律之神維魯那（Varṇa梵，

Varuna），此外為了祓除疫疾而敦請火神阿耆尼 (Agni)，為了六畜平安而祭拜守路神普善 (Pūṣan) 之類的習俗。這些神祇每次都恰如唯一之神般獲得最高的讚辭，因此可以稱為單一神教，但在某種場合因陀羅被視同最高之神，而在另外的場合則替換成維魯那，因此馬克斯・繆勒 (F. M. Müller, 1823~1900) 給它取名為交替神教 (Kathenotheism)。在來世觀方面也是單純而明快，是極為樂天性的，死者在雅瑪 (Yama) 掌管的最高天受到祖靈的迎接，在綠蔭下擺開酒宴，享受音樂歌舞的愉快生活。

總之，印度雅利安族是與其在天國享有永恆的生命，寧願為享樂現世而長壽，死後似乎還希求延長地上的理想生活。《黎俱吠陀》裡尚未明確地出現地獄的觀念，但勸善懲惡的倫理或報應觀念則已存在。（首先出現地獄的觀念，是在遠較《黎俱吠陀》時代為晚的梵書〈波利古遊地獄〉的文獻裡。）

在《黎俱吠陀》裡具有上述濃厚的雅利安族固有的自然神教思想者，是第二卷至第七卷，一般認為是後來增補的第一卷與第八卷，風格便有些不同，本集之中被認為內容最新的則為第十卷，這一部分與其說它是本身思想發展的成果，不如認為它是性質完全不同之思想體系的介入。如上所述，雅利安族的神祇觀本來沒有唯一之神，無論是法律之神或太陽神，甚至軍神因陀羅也非最高之神；不！應該反過來說，依照時間與場合所敦請的諸多神祇，各自是唯一之神、最高之主宰。

但是，如此一來諸神的區別只不過是神名的不同而已，所以祂們的神格當然不得不變得淡薄。在據傳是後來增補的《黎俱吠陀》本集第一卷之中，出現了表示「因陀羅、密提拉、阿耆尼這些神名，不過是詩人稱呼一位神祇的種種不同名稱」這種含意的言辭，但情形若是如此，那麼所謂「一位神祇」究竟是誰呢？把追求這種唯一者當成思辨上的必然開展，或者認為是異質思想體系之刺激所導致的產物，這種不同見解便是立論的分歧之處吧！

歸一思想

研究吠陀經典的專家指出，連被認為是以最純粹的形態傳述印度雅利安族之神祇觀的《黎俱吠陀》本集裡，都可以明顯地看出淵源於原住民語言的辭彙或發音（捲舌音）。一般推測《黎俱吠陀》的成書大致在紀元前十世紀左右，而這個時期，雅利安族與原住民之間在人種上、文化上的融合被認為已進展到相當的程度。這裡所謂的原住民，相當於德拉威、蒙塔諸族的祖先——即被稱為塔薩、塔蘇尤的族群，他們是否為印度河文明的直接承擔者即或是另一回事，大概也不能否認受到他們強烈的影響這一點。

所謂印度河文明，如上章所述，是紀元前三〇〇〇年期間以來在旁遮普地方以農耕為基礎繁榮起來的高度都市文化。它是由那些在一定的都市計畫下擁有倉庫、共同浴場、集會場所、下水道等公共設備，並留下未能解讀文字的謎樣人們所營造的，但在雅利安族侵入前後深深沈埋於印度河河床而消失。不過，本世紀初葉在摩漢周達羅以及哈拉巴遺蹟所進行的發掘，揭露這個文明與雅利安系的文化屬於完全不同的性質，毋寧說是接近於蘇美人的文明。

印度河人的宗教，從他們的遺蹟大致可以看出是太陽崇拜、伴隨地母神的河川崇拜以及看來可能是濕婆神原型的三面神崇拜，似乎有把屍體付諸火葬而將骨灰放流河川的特殊習俗，這些上文都已敘述。現在的問題是，印度河人的這種異質文化如何投影在吠陀時代的雅利安人身上？關於這個問題，我們先來考察有關印度雅利安人葬制的演變吧！

曾經是流浪於中亞高原之遊牧族群的雅利安族，他們的葬制如前所述，是近於遺棄葬的塚葬。他們之間也會有罕見的火葬，它毋寧說是特殊的狀況，似乎僅限於戰死者、英雄與酋長等的葬儀。為什麼呢？因為對遊牧人民而言，燃料用的薪木是出乎意料不易獲得的貴重物品，平常都是用曬乾的牲畜之糞來做燃料的代用品；再者，就逐水草而移居的不安定生活來說，火葬也是種稍微需要閒暇的麻煩儀式。因此，遊牧人民的葬法成為只把躺下的死者亡骸直接放在地面上堆土掩蔽的簡速塚葬，是很自然的事。可是，現在若瀏覽《黎俱吠陀》第十卷的〈送葬之歌〉，便可發現其中明顯記載著不同宗教觀念的兩種葬法——一為火葬，另一為土葬。

> 火神阿耆尼啊！請勿把死者燒光，請勿火勢過猛燒焦皮膚，您把死者身體處理完畢時，送他到祖先那兒。火神啊！
>
> 因你之故，我在你的四周把大地撐高。我放置這些土塊時，是要避免招致危害；祖先因你之故，將會支撐這個柱子。

以上所引第一則詠歌當然是火葬，而第二則顯然是土葬，並且是塚葬。這種葬法上的差異，究竟意味著什麼？以上述情況來看，因為同是婆羅門教徒，所以不可能是宗教觀念的不同或種姓階級(caste)的差別，情形若是這樣，那麼這便是葬制本身演變之中的過渡時期現象。雅利安族侵入旁遮普地方，雖說征服了原住民族，但文化上反而受到他們的同化，不只在習俗方面，甚至連葬制也不得不改弦易轍。這就是說，當初以土葬為原則的他們，到了《黎俱吠陀》時代的末期，似乎倣效原住民而變成以火葬為正葬了。

它的根本原因在於流浪的遊牧民族不知不覺化身為定居的農耕民族而必須轉換生活模

式。對遊牧民族而言，最大的恩惠莫過於長育牧草的雨水，而在季節風地帶的農耕民族則是促進禾本科植物分蘗生長的直射陽光；因而雅利安遊牧民族的有力之神為雷神因陀羅，但住在印度河谷之農耕民族的主神則是尚不知其名的太陽神。雅利安族自古以來也有稱為蘇利亞、密提拉、普善、毘瑟笯等名稱的太陽神，但其中只有最後的毘瑟笯被比擬為後世印度教的三位一體神，而在雷神因陀羅面前這些神祇都失掉光采。

但是，印度河人把太陽當成主神來敬仰，為農作的豐稔而崇拜地母神；死者靈魂乘著荼毘之煙送往天父太陽處，而肉體化為骨灰返歸母親大地之血管的河川。不久，變成農耕民族的《黎俱吠陀》時代的雅利安族，連同太陽崇拜也蹈襲了原住民的葬制。然而，雖說是太陽崇拜，但因他們已擁有了很多的太陽神，所以要是有從原住民承襲的神祇，那必須是作為唯一者的太陽神。若是受到因陀羅（雷雨之神）的凌駕便立刻喪失光采的太陽，那就未免太淺薄了。目所能見的太陽背後之某種東西，不會被雲遮蔽，不在暴風雨中退縮，也不沈入地平線，是常住之物、一切的根源，是創造一切的唯一絕對之物——當時吠陀詩人直覺感到的必是這種性質的神祇。詩人再三詢問：

我們該奉祀的神是誰啊？

> 到處旺盛燃燒的火是一個，普照一切東西的太陽也是一個，而光輝遍及世界的烏莎斯（Ushas，黎明女神）也只一個。唯一的東西擴展成了人世的一切。

有如回應這種唯一者的探求，在《黎俱吠陀》第十卷第七篇登錄這樣的〈宇宙創造的讚歌〉。在這一篇裡，造一切者的創造神用木材或樹木製造天地，相對於此，也有祈禱主神像冶金師一般錘鍊接合萬有；或者又在〈黃金之胎的讚歌〉裡，吠陀詩人又提出問題：「出現在太初的創造神成為萬有的獨立主宰者，安穩地立定天地，支撐太陽，測量虛空，賦予萬物生命與力量，支配一切的神祇；但是，我們該奉祀的這位神祇究竟是誰？」

另外，在著名的《原人之歌》(*Puruṣasūkta*) 裡，有個千頭、千眼、千足的巨人，供作諸神的犧牲祭品而解體時，於是一切萬物便出現了。從它的嘴裡生出婆羅門 (Brāhmana)，兩腕生出剎帝利（Kṣatiya，武士階級），兩腿生出吠舍（Vaiśya，庶民階級），兩腳生出首陀羅（Sudra，奴隸）等歌詠種姓制度的起源。但是，藉由這些人格神來說明宇宙的創造，似乎連吠陀時代的人們都感到不滿意。最後，從形而上學原理來解說天地的開闢者，便是有名的〈無有歌〉(Nāsadiy-Sūkta)。它的敘述風格如下：

> 此時，既無無，也無有；既無空界，也無遮蔽原始的天。……此時，既無死，也無不死，更無黑夜與白晝的區別。那唯一之物藉著自力無風而呼吸，除此之外便無任何東西存在。太初之際，黑暗遮蔽著黑暗，宇宙一切既無光明，也無水波。被空虛遮蔽之中逐漸發現的唯一之物，藉由自然之力誕生……

《阿闍婆吠陀》(*Atharva-Veda*)的形而上學

《黎俱吠陀》之中自然神教性格濃厚的部分，是雅利安族仍然定居在印度河上游五河地方之時代的作品，除此以外表現歸一思想的部分，以及其他《蘇瑪吠陀》(*Sāma-Veda*)、《夜柔吠陀》(*Yajur-Veda*)、《阿闍婆吠陀》等本集，大致不妨認作是他們逐漸往東南移動，進入恆河流域肥沃地方之後的產品。至於解說吠陀的梵書(Brāhmanas)、《森林之書》(*Aranyakas*)以及奧義書等，當然便是比此更晚的典籍了。

這些作品大致出現於紀元前八世紀前後，到了這個時期，鐵已用來當農具，可以剷除盤根錯節的叢林地帶而使開拓工作更為容易，用牛拖犁的耕法讓農業生產力飛躍性的提升。生產力的提升帶來了富饒的積蓄，婆羅門、王侯與武士等統治階級由此獲得了餘裕與閒暇，更容易從事哲學性的思辨。

尤其一到這個時代，執行祭祀儀式的婆羅門族，由於鑽研極其煩瑣的專門知識，已經確立了世襲性特權階級的地位。婆羅門（僧侶）更將他們的教理弄得神祕而晦澀，鄭重其事地將祭儀裝扮得妖幻莊嚴，藉此收攬民心。

如今祭祀變成萬能，它左右人們的幸與不幸，它決定了人們的命運。於是執掌祭儀的婆羅門成為等同於神的至高存在，不久他們變成了與世隔絕的人間之神。婆羅門藉由祭儀支配世界的魔力便是「梵」(Brahman)，這個「梵」有如後來奧義書所見到的形而上學的存在，亦即成了宇宙的根本原理。這種哲學性的思辨仍然繼承《黎俱吠陀》裡〈創造讚歌〉的蹤跡，在《阿闍婆吠陀》中表現出很大的進展。《阿闍婆吠陀》的中心內容原本被認為是由紮根於民間信仰之咒法性思想所構成，但與此相對比，它在另一方面也開展了為後來奧義書哲學鋪路的歸一思想。

《阿闍婆吠陀》裡有〈氣之歌〉、〈時之歌〉、〈支柱之歌〉等卓越的哲學讚歌，而其中的傑作當推〈支柱之歌〉了！詩人在此成功地將宇宙的最高原理形象化為大支柱：

這個天地兩界，受支柱支撐而安穩立定；這個一切有生命的東西、呼吸眨眼的東西，存在於支柱之中。

走動的東西、飛翔的東西、站立的東西、呼吸的東西、不呼吸的東西以及眨眼的東西，它具備一切的形態而支撐大地，與它相合的唯有一物。

吠陀詩人如此鼓吹唯一者的思想，並就這個唯一者以縝密的絕對辨證法來加以開展：

唯一物比毛髮更細緻，唯一物有如目所不能見，並且我所愛的這個神格，比萬有更廣闊。

再者，作為本體存在於一切人類之中的自我(Ātman)，詩人對它如此歌詠：

你是女人，你是男人，你是少男又是少女，你老邁時拄著拐杖步履蹣跚，你一生下便面對一切的方位。

他(Ātman)是人們的父親，同時又是他們的兒子；他是他們之中年齡最長者，同時又是他們的子孫。唯一之神(Ātman)進入意識之中，他既是最先出生者，且又在子宮內。

於是詩人進一步以象徵性的表現方法來說明梵我 (Ātman) 與大梵 (Brahman) 的一致性：

蓮花有九門，蒙蔽於三性，中有神 (Ātman) 顯現，知者（知大梵 Brahman 者）方知之。

而將這個自我明顯地表現為 "Ātman" 者，是下面的歌詠：

沒有欲望、賢明而不死、自行生長、毫無缺陷者，此即賢明而不老、知道常若的 Ātman 者，不畏懼死亡。

在〈支柱之歌〉裡的這個 "Ātman"，在《阿闍婆吠陀》之中同樣也被稱為 "prāṇa"。正如 "Ātman" 原本意味「呼吸」那樣（與德語的 Atmen 同一語源），"prāṇa" 也具有同樣的含意，不過通常都譯為氣、生氣。

在睡得著的人之中，prāṇa 端莊地醒著，決不躺臥下來；在睡得著的人之中，從未聽過 prāṇa 睡著。

這首詩歌裡 prāṇa 意味著個人之本體——即 Ātman，而下一首詩歌則歌詠這個自我是超越生死而不滅的，成為後來輪迴思想的先驅而頗富趣味：

> 他（prāṇa）成為胎兒徘徊於諸神之間，過去的他顯現而再度出生，過去的他當然也會成為未來的人，為人之父的他藉由那個力量進入兒子之中。

敘述至此，已經向此後的古奧義書又跨進了一步，但在《阿闍婆吠陀》裡，也看得到與這些完全不同系統的形而上學。

在此之前所討論的，若是當成關於「唯一者」根本原理的存在論，那麼被懷疑是後世增補的第十九卷五十二節的〈時間之歌〉，便可說是「時間論」了！

> （時）使萬有成立，他實際上包圍萬有。他既是它的父親，也能成為它的兒子，其他沒有比此更有威力的。

這首詩歌中的「時」是無始無終的，形成神祕性的循環之輪。它是最早出現的東方哲學之時間論而值得加以注意：

（時）生出那個天，（時）也出生這些地界，既存之物與未存之物受到（時）的催促而開展。

（時）能造地，太陽在（時）之中閃耀，萬有在（時）之中普遍存在，眼睛在（時）之中縱目遠眺。

（時）之中有心意，（時）之中有生氣，（時）之中也包涵名稱；（時）剛一抵達，一切生類便感歡喜。

（時）之中有力量，（時）之中有最高級生物，（時）之中也包涵梵Brahman；（時）是萬有之主，他也是造物主之父。

因他而受到催促，因他而出生，這個萬有在他之內安穩立定；（時）成為梵，支撐最勝者（造物主）。

不過，這裡把「時」說成同化於造一切者而生成萬物，但在後世印度教裡，「時」被比擬為濕婆神的破壞性這一面卻受到忽視，有點美中不足。

五火二道的輪迴說

德國哲學家叔本華 (Arthur Schopenhauer, 1788~1860) 評述奧義書為「死亡的慰藉」，並成為他撰著《意志與表象的世界》這部重要著作的動機，法國學者也曾把波斯語奧義書譯成法文在巴黎出版，而所謂的奧義書 (Upanisad) 乃是古印度「祕教密義聖典」的一般性名稱。稱作「奧義書」的文獻數量很多，從紀元前七世紀的古代著作到十六世紀問世的新作品，種類不下二百種之多，本文所要進行討論的僅限於紀元前四世紀前後以前的「古奧義書」。

這種哲學書具有「坐近一點」的含意，謂師徒對坐口授祕義，因而屢屢被翻譯成「奧義書」。儘管著者眾多、撰述年代也各不相同，但在追求宇宙根本原理的這一目的上仍是前後一貫的。它的主題經常是圍繞著「宇宙本體」的討論，以及「支配人類與世界的原理究竟為何」的探討等。

奧義書的主要內容是在確立作為宇宙本體之「梵」(Brahman) 的原理，以及安置萬物內在原理的自我 (Ātman)。當然，這種原理並非在奧義書中突然出現，而是如前所述，在《阿闍婆吠陀》裡它已經是一項原理了。

但是，不論是在《阿闍婆吠陀》或梵書（Brāhmanas）❶裡，「梵」並非唯一的原理，像前述的「時」等也是被比擬為第一原理，是到了奧義書方始把梵升格為唯一絕對的原理。另外，首先提到Ātman的是在《阿闍婆吠陀》與梵書裡，卻與prāṇa（氣）或puruṣa（原人）一視同仁，當成自我的原理，Ātman到了奧義書才明顯地被確立為自我的原理。

「梵」正如前面所說，是將本為執行祭儀的婆羅門魔法性力量神格化的東西，但在它成為宇宙的統一原理以前，其中必定加入了與婆羅門教性質不同的原住民信仰——此即原住民的太陽神信仰，一般認為這種信仰與婆羅門魔力結合似乎才出現梵的原理。例如象徵太陽神的卍符號，由於佛教徒而稱作梵，正如今日的情形一樣。

Ātman也像前面所說，意謂呼吸、氣息，但後來視同我、自我、靈魂，終至以萬物內在靈力的方式加以哲學性的解釋。而在Brahman（梵）為大宇宙，Ātman（我）為小宇宙的關係裡，便產生了梵我一如的哲理，它成了奧義書的核心教說。

總之，在這種情況下，大宇宙的功用與作為小宇宙的人類之機能相即不離（相融為一）。因此，奧義書中經常會出現Ātman即是Brahman或「我便是梵」之類的結論。不過，奧義書的作者把人類各種苦惱流轉歸因於沒有自覺到「我即梵」，那種顛倒的意識稱為無明，我在那

❶梵書是專門討論吠陀儀規、指導實踐吠陀儀規的著作，成書時代早於奧義書。

無明之中的作為便是業；成為因的業又會生出作為果的業，如此因果循環不息，便是輪迴。而且，只要沒有自覺到「我即梵」而切斷業的連鎖，我便不能從輪迴解脫出來。

可是，Ātman 在死後的世界究竟變成什麼？關於這個問題的答案仍是奧義書的重要主題。探討這個問題必須瀏覽《旃多格耶》(*Chan Dogya*) 第五篇第三章或《布利哈德》(*Bṛhadāraṇya-ka*) 第六篇第二章等奧義書的說法，此即布拉瓦哈那王教導阿爾尼的兒子士威塔喀德的「五火二道」輪迴說。

所謂「五火教」是指人死以後若付諸火葬，荼毘之煙升天進入月亮，化為雨水降落地面而成為作物，為人進食而變成精子，寄宿母胎再生為人，假託祭火將這種輪迴五階段作了象徵性的說明。至於「二道」是指「神路」與「祖道」：「神路」是死者的靈魂回歸「梵」的世界而不再度返到地上的路程，而「祖道」則指循經上述「五火教」的順序回歸現世的路徑。

至於要如何做才能通往「神路」到達梵界，他的主張是要知道「五火教」的道理，藉著在森林虔敬地勤修苦行方有可能。另外，有的人則主張「藉由擺脫愛欲的羈絆而成為不死，照這樣便到達梵」，此時領悟「梵我一如」，便成為解脫的條件。

再者，若根據稍後的《普拉希那》奧義書的說法，只是奉行祭祀與善行便感到滿足的人，會循經月界再返到這個人世；而信仰苦行與梵行，並藉由專心致力的睿智探求 Ātman 的人——亦即勤修自覺的人，便會循經太陽進入梵界。而且，人死之後會進入怎樣的世界，乃是依據他本人在現世的所作所為，亦即因業而定，於此便可明瞭所謂的「業」思想了。

在五火教裡也已主張遁經月界再返來的人，依據他生前的行為如何而定，有些人會生在人間界，有些人則會生為動物。

可是，這個「五火二道的輪迴說」之中，在奧義書時代「五火教」竟是由王族傳授給婆羅門，這件事不得不令人感到不可思議。因為在古代的印度，只要與宗教有關便屬於婆羅門獨占的職務，婆羅門或許會教導剎帝利（王族及武士階級），但讓剎帝利教導婆羅門則完全是顛倒過來的事。

其中必有某種緣故，可以想到的是，構成婆羅門階級的雅利安族原本大概沒有輪迴思想吧！輪迴說本來是從以太陽為唯一之神的原住民宗教裡產生出來的，而剎帝利與婆羅門不同，他們大量接受原住民的氣質，從太陽崇拜導入五火教的說法，想來頗有可能。這件事不只就古代印度而言，有關太陽崇拜與輪迴說的密切關係，更給予筆者重大的啟示。

第八章　佛教的無我思想

佛教興起的契機

紀元前七世紀期間，婆羅門教權達到恆河中游一帶，在那複雜的祭祀體系已完成之時代的梵書文獻裡，有如下的一段記載：

> 當時維底加・瑪塔瓦來到薩拉斯瓦底河(Sarasvati)之上，他的「火」由此朝東蔓延大地前進。瞿曇・拉夫迦南與維底加・瑪塔瓦跟隨在這往前燃燒的「火」後面行進，這場「火」燒遍了那兒所有的河流。且說沙塔尼拉這條河流是從北方山脈流出來的，只有這條河流「火」未燒掠。
>
> 婆羅門以前未曾越過這條河流，想來是因為它沒有遭到「普遍火」的焚燒。

> 但是，現在在它的東方住著很多的婆羅門。那個地方以往不適於居住，土地的濕度太高，這是由於未遭「普遍火」淨化過的緣故……

這段敘事究竟暗示著什麼？「維底加・瑪塔瓦」據說是口中含著熊熊火焰的火神名字，而「瞿曇・拉夫迦南」則是祂的祭司。

薩拉斯瓦底河大概是現在的薩爾斯底河，沙塔尼拉河可能是從喜馬拉雅山的內部流經尼泊爾，在巴特那 (Patna) 與恆河匯流的甘塔克河 (Gandak R.)。而這裡所謂的「火」，乃是印度雅利安文化的象徵，指存在於萬物之內的活力，亦即「普遍火」(purusa)，後來在奧義書中成為「萬人之我」(即 Ātman)。

上述這段梵書中的記載，它表明的含意應是：向旁遮普地方發展的印度雅利安文化，渡過薩拉斯瓦底河繼續東進，遠達沙塔尼拉河的岸邊，但至此不能渡越而停滯下來，不像先前那樣來去自如。這是因為自此以東便是恆河下游比哈爾 (Bihar)、孟加拉、阿薩姆 (Assam) 等強烈季節風侵襲的熱帶雨林區域，是屬於毒蛇、猛獸、山蛭等棲息的瘴癘場所。

但是，不久由於使用鐵製農具來開拓熱帶叢林，設立完善的水利機構，在世尊在世期間，當地已轉化成以水田稻作為主的肥沃農耕地區。

雅利安族侵入印度的當時，並未帶來鐵器，因此它不能照樣說是他們的東西，一般認為大概是西元前八世紀期間由西亞傳入的鐵器文化（考古學上此點已獲得證明），使他們有能力再往東發展。

當婆羅門教的根據地仍在庫爾旁遮普（今日之德里、亞格拉 Agra 地方）的時候，距此七百公里東方的貝那雷斯 (Benares) 已是商隊往來頻繁的繁榮大工商都市。因此，婆羅門的神祕力量及其嚴格的種姓制度，在這一帶逐漸變得淡薄起來。那些婆羅門世襲的職業宗教家，大至一國政事，小至各人的命運，一切都以煩瑣的儀式來加以決定，覺醒的人們對此開始抱持懷疑的態度。

另一方面，到了鐵器時代由於生產力的提升，王侯固不用說，連庶民的生活也逐漸富饒起來，在經濟生活漸次凌駕家世的時代，宗教當然必須超越種姓的差別。

人們對於以祭式為萬能而變成徒具空殼的婆羅門教感到不滿意，期盼新的宗教。有些人們想藉由苦修來尋求超自然的能力，或者藉由瑜伽來達到與宇宙最高原理的梵之合一；另外有些人們為探尋被認為曾經失落的自我 (Ātman)，而踏上了朝神拜廟之旅。

這樣的時代展現新宗教出現的機運。當此之時，鄰近可以望見喜馬拉雅高峰雲霧圍繞的尼泊爾國境，有個小王國的太子瞿曇 (Gautama)，捨棄了所住的城堡與妻子、家屬，加入苦行者的行列。

瞿曇這位聰明而比人加倍多愁善感的青年，把生老病死的現世視為憂愁苦惱之源，從艱苦的修行與神祕的直觀之中尋求此後的解脫，但這些修行方法都不能讓他獲得領悟。徒然苛待肉體專志於沈思冥想，也會不知不覺使心靈像枯木死灰般冷漠，而使豁達自在的心念活動受到阻礙。

這些不是達到解脫之道，擺脫這樣的繫繩才能獲得領悟吧！瞿曇放棄了艱苦的修行，用尼連禪河的水洗淨身體，飲用少女供獻的乳糜而恢復了體力。

在河畔的菩提樹下趺坐而仰望東天之際，隨著拂曉明星的光輝，某種念慮閃過瞿曇的內心。

——這個現世充滿痛苦。先是生下來的痛苦，身體機能衰退而老耄的痛苦，肉體罹患疾病的痛苦，以及死亡的痛苦，此即生老病死苦。並且，還有與相愛的人生離死別的痛苦，與互相怨憎的人見面而且必須同居共處的痛苦，所求之物不能獲得的痛苦，以及事實與自己的期待完全相反的痛苦，此即愛別離苦、怨憎會苦、求不得苦、五陰盛苦。這些痛苦究竟由何而來？——瞿曇對此繼續探求，而後經歷十二個階段所到達的便是「無明」的觀念。

老病死是因何而起的呢？那便是由於誕生；誕生的起因是什麼？那是由於生命；生命是

由執著以及為其根源的欲望而起，而欲望則起因於感受；感受起於與對象的接觸，而接觸緣於感官功能；感官功能依存於個體；使個體自足者為個體之意識，意識則基於意志而起；而這個意志原來起因於盲目衝動的無明。

以上是逆向觀察緣起之法則的次序，現在按照佛教用語從根本的「無明」往「老死」方面順向觀察，則其連鎖系列為：

> 以無明為緣而有行，以行為緣而有識，乃至於以識為緣而有名色，以名色為緣而有六所，以六所為緣而有觸，以觸為緣而有受，以受為緣而有愛，以愛為緣而有取，以取為緣而有有，以有為緣而有生，以生為緣而有老死。……

不過，這裡所謂的「緣」，應注意不單是指因果關係。所謂「以A為緣而有B」，並非意味以A為根源而生出B的因果關係，不過是指B之存在A為必要條件而已。這就是說，這個「必要條件」才是「緣」，主張一切有為法（由於種種原因而生成、變化之物）依存於諸緣，乃是佛教獨自的世界觀。因此，認為世界是從梵(Brahman)之一元流出（或由最高之神創造）的那種婆羅門教的思想，佛教不得不加以否定。

五蘊說

瞿曇佛陀藉由窮究緣起的法則而到達的所謂「無明」，究竟是什麼？從語義上來看，它是通常所說的：「心之迷妄、根本無知、沒有領悟真實的道理，由於這種迷妄而使我們受到各種意志的作用，這便是行業。」不過，筆者認為它不僅只比「心之迷妄」或「無知」稍具積極性意義而已吧！

佛教以外的所謂「六派哲學」，像吠壇多(Vedānta)學派、瑜伽學派、勝論學派等的文獻裡，也往往出現用「阿韋達」(Avidyā)的語彙表示「無明」，它們的含意都不單只是「無知」或「迷妄」。

吠壇多派中的羅曼路闍(Rāmānuja)、瓦拉巴(Vallabha)等人，便闡述斷絕「無明」的繫縛並不容易，唯有藉由禪定方有可能；而瑜伽學派在他們的《瑜伽經》(*Yoga Sūtra*)之〈方法品〉中，將煩惱分為無明、我見、貪、憎、現貪五種，其中也以「無明」為一切煩惱的根本而受到重視。

另外，在勝論學派《句義法綱要》之中，將「無明」分為疑、錯誤、不決定與夢四種，其中的「錯誤」便是意味「顛倒」。而在佛教裡，以《俱舍論》為例來說，便認為引起「常樂我淨」之「四顛倒」者，便是由於「無明」的作用。從上引諸例來看，可知阿韋達（亦即「無明」）這個語彙原本具有比「無知」或「迷妄」更深的含意。這就是說，從現世苦逆向一再探尋十二緣起所找到的「無明」之底部，佛陀發現了這個「顛倒」。

所謂「顛倒」，決非只是「無知」、「迷妄」或「過失」，而是本質與現象、根本與末梢、實體與幻影、真實與虛偽、重大之事與瑣細之事、目的與手段等等，將這些全都相反的事物加以更換之無可挽救的「倒錯」。這種世人往往動輒陷入其中的「顛倒」，自古以來，在佛典的《百喻經》或印度的《愚人物語》之中說得極富巧妙的寓意，以下所舉滑稽小故事，便是其中之例：

買油回家的男人，引起路上相遇之友人的注意：「當心啊！壺底好像有裂紋讓油滲出呢？」著慌的男人想要檢查裂痕，當他把壺顛倒過來時，壺裡的油全都灑落在道路上了。……

佛陀在「無明」底部所發現的「顛倒」之尤者，筆者認為不是別的而是「我執」，即「在無我裡執我便是顛倒」。

那麼，為何我執是顛倒呢？這是由於把空的東西當作實在、把無常之物當成恆久的錯誤所致，所以這樣便是顛倒。但是，「我」何以是空？何以是無常？這不僅限於「我」，凡是一切的有為法都由因緣的集合而生成、變化，因而是空、是無常。有為法又是什麼？是指由因緣或各種因素湊合而成、不斷重複生滅者。《大毘婆沙論》如此記載：

彼所執我及世間皆非常住，實我、我所不可得故，現見一切有情、世間器、世間物有轉變故，因緣生故。諸有生者，一切皆當有滅壞故，不應執我……

如此一來，當考慮「我」這種有為法成立的因緣是什麼時，佛陀提出來的答案是「五蘊」。

所謂五蘊，便是色、受、想、行、識這五種因素的總稱。「色」指具有形體與質量，會產生變化，是我們感官對象的時空性之存在或現象；「受」指我們的視、聽、觸、嗅、味等知覺，或喜怒哀樂等感情；「想」指我們內心懷抱的意象、觀念、概念等；至於「行」則指喚起我們行為之意志的作用；「識」指在我們精神作用之根底的一般意識。

這就是說，「我」的存在是由「色」之外界與「受想行識」之內界所集合而成的，除此以外，並無獨立之我的存在，這是由佛陀所倡導的「五蘊說」之意義，佛教自此以後一直採取這樣的立場。那麼，如果「我」的因緣是這五種因素的集合，會剎那生滅、轉變的話，當然便會產生這樣的懷疑：果真有「我」這個實體嗎？

若查閱據傳為佛傳記錄最古的律藏・犍度部典籍，便可發現佛陀就此問題向弟子們這樣解說：

弟子們！色（肉體）並非我。如果這個有形的東西是我的話，它便不會生病；再就色來說，我們的形體是如此的嗎？或者可以說我們的形體不是如此的吧！但是，弟子們！由於色並非我，所以它也會罹患疾病；再就色來說，我們的形體是如此的嗎？或者我們的形體不是如此的……

於是，佛陀再就五蘊一一加以斟酌。

然後，受並非我，想並非我，行並非我，在同樣證明識並非我之後，便與弟子們相互問答：

「弟子們！你們究竟怎樣想的？色是常住還是無常？」

「世尊！色是無常的。」

「若是如此，無常的東西是苦還是樂？」

「無常的東西是苦的，世尊！」

「那麼可以把這無常而苦、有為變化的東西認作是我們的東西嗎？可以認為這是我、這是我們的我嗎？」

「不可以這樣的，世尊！」

佛陀便如此再各就受、想、行、識，向弟子們發問，在證明以上諸項都是非我之後，再進一步闡述：

因此，弟子們！在此世的過去、現在、未來的色、受、想、行、識之一切，它不論是在內在世界或外在世界，也不拘大小、優劣、遠近，這些都非我們的東西。這些不是我，這些不是我們本身的我——一切都必須如實地透過正確的睿智來加以觀察。如果真是這樣觀察的話，你們大概便會厭色、厭受、厭想、厭行以及厭識。一旦厭嫌，你們便會遠離貪欲；若遠離貪欲，便到達解脫；若到達解脫，便會產生「讓我解脫吧！」的自覺，於是生滅結束，梵行完成，當為之事已被做完，不再重歸以前的狀態——當會有上述的覺悟吧！

由於佛陀這樣的解說，聽到世尊說法的五位弟子深受感動而喜悅。據說由於這樣的訓導，弟子們不再執著，已能從各種煩惱解脫出來。

自我（Ātman）

佛教把「我」視為因緣而生的五蘊說，我們若想了解它如何具有劃時代的創見，便需要再度回顧一下婆羅門教關於「我」之觀念的歷史。在婆羅門教裡，意謂「我」之最普遍的語彙便是Ātman，它在咸認是最古文獻的《黎俱吠陀》裡已出現了：

目光應奔向太陽，生氣隨從風、律則往天而行，也往地而行；或者如果喜歡的話，進入水裡，以你的肢體安立於植物之中吧！

此處的「生氣」，原文便是Ātman。由此也可知道，Ātman這個語彙古代似乎是用為「呼吸」、「氣息」之意，再引申成「生氣」或「靈魂」的蘊義。（如前所述，這個Ātman與德語的atmen等具有相同的語源，它似乎與希臘語的atmos、英語的atmosphere等字屬於同一系統的語彙。）

人類一旦死了，最先停止的便是呼吸。古代人由此現象認為：人體裡潛藏著像氣體或幻影一般眼睛看不見的東西，它恐怕就是靈魂吧！人若死了，這個靈魂便偷偷從肉體溜出，到處徘徊，而在這種情況下，人便停止呼吸、喪失意識。靈魂一旦離開肉體，雖然會以目所不能見的姿態出現在某些場合，但卻會持續這種永恆之旅。

古印度人似乎也抱持同樣的想法，起先意指呼吸的Ātman這個語彙，其後似乎變成與寄宿於人體的靈魂同義，後來再轉化成「我」。可是作為「生氣」或「靈魂」意義的語彙，並非只有Ātman，後來到了《阿闥婆吠陀》或梵書的時代，阿斯、manas或prāṇa這些語彙似乎一下子替代了Ātman。

例如在《阿闥婆吠陀》裡，對瀕死病人的咒文便有如下的頌辭：「你與阿斯一同停留於此吧！在太陽的領土、在不死的世界。」又如：「這兒有你的阿斯，這兒有你的生氣，這兒有你的壽命，這兒有你的manas（末那）。」並且，關於prāṇa這個語彙，《阿闥婆吠陀》裡的讚頌也隨處可見。

「向 prāṇa 頂禮！萬有在它的支配之下，它成了萬有的主宰，萬有安立於其中。」或者「包含一切生類的這個世界，支配一切的活動之物，毫不厭倦；藉由祈禱的神祕力量，聰慧的 prāṇa 陪我們同在。」另外，對作為個體核心的 prāṇa 則如此歌頌：「在睡得著的人之中，普拉拿端莊地醒著，決不躺臥下來；在睡得著的人之中，從未有人聽過普拉拿睡著。」

此處已被認為是個體之生氣、主體的普拉拿，對應於大宇宙的風或生氣，而成為往後奧義書哲學的伏線，此點值得注意。在《阿闍婆吠陀》哲學性讚歌〈支柱之歌〉裡，Ātman 重新出現而屢受讚揚：

> 這個美麗而不老、不死的 Ātman，住在人類的家宅（肉體）裡，因此，這個神的創造物——人類——已經死亡躺下，他的創造者也已老了。

在梵書時代，Ātman 已經存在為一切精神功能的核心，及至古奧義書時代，更進而躍升為宇宙的根本原理。這就是說，它超越個人之「我」的領域，而與宇宙第一原理的「梵」(Brahman) 合而為一。

由特殊邁向普遍之道，本來就是人類思辨的正常路線，而印度雅利安民族由《黎俱吠陀》時代的多神教發展到《阿闍婆吠陀》時的尋求「造一切者」、「創造神」、「時」等最高原理，也是思想史上的必然趨向。

同樣的趨向再往前進展，便出現將內在於個體之我的普遍性存在抽象化為Ātman，而讓它與宇宙原理的「梵」合而為一。

奧義書裡「梵我一如」的形而上學，便是這種思辨進展的結果。梵(Brahman)之原理如前所述，原本是婆羅門祭祀儀式中被神祕化的咒術力量與原住民的太陽崇拜結合而成的。

與此互相呼應，被認為是內在於一切個體的普遍我——Ātman，在《梵書》裡被象徵為「普遍火」。作為梵之象徵的太陽與作為Ātman之象徵的普遍火，發展至此方成為任何人都能理解的相即不離。

為什麼呢？因為在任何民族的神話裡，全都認為地上的火是從太陽帶過來的。

於是，認為「我是梵」的「梵我一如」哲理——這個歷經許多婆羅門一再思辨所到達的哲理，被認為是極其幽玄而深遠的說理。

婆羅門教所期望的也在於煩惱的解脫。我不知梵，由於這種無明所造的業，使我陷於輪迴——即按照行為善惡的果報，生生流轉於神、人類或蟲類的不同形態之間。但是，現在藉由「梵我一如」的領悟而脫離業的繫縛，擺脫輪迴而回歸於梵。奧義書中的這種哲理，對佛教以前的思想界而言，確是莫大的福音。不過，值得注意的是，這種深遠的哲理若加以溯流探源，其實也是植基於古代人樸素的聯想觀念，本節開頭所舉的《黎俱吠陀》讚歌，便是最好的例證：

目光應奔向太陽，生氣隨從風、律則往天而行，也往地而行；或者如果喜歡的話，進入水裡，以你的肢體安立於植物之中吧！

這首歌詞顯示《黎俱吠陀》時代之詩人的思考方式與近代人不同，是極為遠古的想法，認為「類似照樣是同一」，這不正說明了與法國社會學家布魯爾 (Lucien Lévy-Bruhl, 1857~1939) 所謂的「融即之理」有相通之處嗎?下面再舉出奧義書中的記載來做參考例子：

人死了，而語言納入火裡、心意納入月裡、耳朵納入方位裡、我納入空裡、膚毛納入草裡、血液與精液納入水裡的時候，這個人在那裡呢?

這些無非是將世界本身加以擬人化，根據其與個人身體的類似，而想主張兩者同一性的一種邏輯。但是，這種原始性的邏輯一旦也在大宇宙與小宇宙、梵與我、Brahman與Ātman之關係的那種方式下被抽象化起來，便不免讓人感到是種相當「深遠的哲理」，因而極為奧妙。

諸法無我

如上所述，在檢討有關奧義書的Ātman之後，若將它與佛教所說的「我」做一比較，其中便有明顯的不同。Ātman即使不具有像物質般的實體，若認為是永恆不滅的存在，便可以把它想成是實在的東西；然而，若認為佛教之「我」是有為法，因而不過是因緣而生的五蘊而已，如此便很難說它具有實在性。

五蘊是指色、受、想、行、識，這是一種提綱挈領的簡要分別，實則構成我的因子有無數之多，但這些不斷在重複剎那生滅，由於沒什麼恆常性的東西，除了捨去之外別無他法，因而只能加以大略的敘說。無論如何，就這個無數因子在各種條件之下不斷離合聚散的五蘊來說，既不能說它存在，也不能說它不存在，亦即五蘊皆空。

前面所敘律藏・犍度部典籍的旨趣顯示，我們認為是「我」的色、受、想、行、識五種因素，就其中任一個而言，都不是我們所能自由支配的，都不能讓我們稱心如意，因此這些並非我。

佛陀向弟子們探問五蘊的各個問題——色是我嗎？受是我嗎？……如此依次檢討的結果，獲得任何一者皆非我的答案。佛陀便訓導弟子們：情況若是如此，那麼作為我的五蘊便是由於種種條件因素暫時集合而成的，並非真實的存在。在這層意義上，「五蘊」並非「無我」，而是不在於我，亦即「非我」之義。

但是，如果五蘊不在於我，除此之外能認出我的存在嗎？關於這個問題，由於任何地方都找不到，所以結論就成為「無我」，這便是佛教的「無我說」。不單只是我，一切有為法都是基於「既非此也非彼，既在於此也在於彼」的緣起之理而成立的，所以其中理應沒有永恆不變的本體。

不過，「我」這個語彙往往意味著主體性，它似乎有轉變為事物本體的蘊義，因此佛教的「諸法無我」不單只就「我」而言，而是意指一切東西皆無本體。這個「諸法無我」若與奧義書的「梵我一如」相較，便可看出其間進步極大的痕跡。五蘊說較為精緻，而Ātman的小宇宙說就稍顯粗闊。相對於奧義書說法的神祕性，五蘊說則屬於理性的。

婆羅門教的 Ātman 原本意指呼吸，其後轉成靈魂，再變成內在於森羅萬象的萬有靈之存在，隨後成為與宇宙最高原理的梵相即不離的小宇宙。在此期間，婆羅門的思辨日益趨向抽象化與普遍化的途徑，終至不能像佛教那樣玩味與究明「我」的本身。這種情形正如康德的批判哲學與希臘以來形而上學的關係一樣，在印度思想史上的確是一百八十度的大轉變。

在奧義書裡作為小宇宙之 Ātman 等的存在，若以佛教的立場來說，與所有的思辨性宇宙論一樣，是屬於無益性議論的所謂「戲言」，對於成道毫無用處，這似乎便是佛陀的想法。世界是有限還是無限？身體與靈魂是同一還是分別？人類死後仍然存在還是不存在？這類議論說起來是「邏輯的越界」，並非佛陀關心之所在。

就「我」的超自然性實在之問題而言，若依據網羅佛教初期諸派學說並加以批判的《梵網經》來看，可知關於過去、未來之我是否實在的問題，佛陀並未給予積極的肯定或否定。這就是說，這類形而上學的問題乃是佛陀注意的範圍之外。

那麼「我」之超自然自我的問題，從佛教的立場來看何以是「戲言」呢？這大概是因為佛陀不相信尊奉奧義書哲學的婆羅門們，可以透過直觀 Ātman 與 Brahman 的合一而判斷無明、解脫業的繫縛與擺脫輪迴。對佛陀而言，所謂「無明」並非單憑直觀便能斷定那樣容易簡單的事。

觀察我為色、受、想、行、識的集合之所，會有生滅聚散，故為無常。五蘊不在於我，即使領悟無我，單是這樣的話，以無明為根本的我執也會像滲入綿中的油那樣難以去除，而由此產生的貪、瞋、痴、慢等煩惱便像蝟集於腐肉的蒼蠅一樣怎麼也揮不去。

佛陀知道在斷定無明、捨去我執、滅除煩惱方面，需要充滿長途忍苦的道德實踐。它並非自古以來修行瑜伽的人們所採行的那種盲目的苦行，而是漸次累積道德行為而來的八正道菩薩行的實踐。要求這種實踐性的倫理作為成道的基礎，便是佛教的特色之所在。這種理念在原始佛教裡稱為「四諦八正道」：四諦即苦諦、集諦、滅諦、道諦，而八正道則為正見、正思惟、正語、正業、正命、正精進、正念、正定。

此即明瞭這個人世是苦的，領悟這個苦的來源之處是煩惱，應該下定決心絕滅這個煩惱之根本的無明，因此要實踐八正道。八正道便是正確的見解、正確的想法、正確的措辭、端正的行為、端正的生活、正確的努力、正確的理念、正確的禪定，並非特意提出的新奇道德律，但是，實踐這些平凡的事項，佛陀親身體驗了其中的難度。

由於實踐了此八正道，而止息煩惱之根本的我執，使無明絕滅。佛陀在《法句經》裡如此說：

以睿智觀看時，萬物皆無我，厭苦之心隨之產生，這便是到達清淨之道。

「我」原本是輪迴的主體，而佛陀以「諸法無我」來否定我，因此便是連輪迴也否定了。這麼說來，佛教理應完全沒有輪迴說了，然而事實並非如此，某些部派的輪迴說甚至成了倫理觀的根基，這種矛盾究竟從何而來的呢？下章希望就此加以闡釋清楚。

第九章　關於佛教的輪迴思想

佛陀入滅後的教團

眾多婆羅門僧侶歷經數世紀反覆思辨所到達的唯一絕對原理——與Brahman（梵）相即不離的Ātman（我）之存在，佛陀加以否定而建立了佛教。但是，這種「否定」並非建立在與「有我」對立的「無我」上，毋寧說是把Ātman當成「非我」。

依照佛陀的教理，一切有為法皆因緣而生，所以是空。由色、受、想、行、識五蘊構成而不斷重複剎那聚滅的個體，並不能讓人隨心所欲，因此並非「我」。那麼當真提到這個「我」時，它應是無處可以尋覓的。

就佛陀而言，「我」的超越性存在是否可能這類問題原本不是他的關心所在，讓一切眾生從現世苦難解脫才是他的心願。

而若探尋苦之來源，便會找到「我執」這個無明，因此佛陀為了打破這種迷妄，便倡導「諸法無我」，但後代的佛教徒們因過於執著這個「無我」，反而不得不堅持「有我」，這真是思想史上令人啼笑皆非的事。這種情形正如父母好不容易驅逐出去的寄宿食客，孩童們又把他化裝起來悄悄從後門帶進來一樣。

佛陀否定了輪迴主體之「我」，因而輪迴本身當然也受到了否定，但弟子們卻變成特意假借另外的名目把一度被否定了的「我」恢復過來而投身於輪迴之中。在釋迦牟尼入滅之後佛教教團的狀況究竟如何，我們今日缺乏探索的相關資料，但在佛滅之年，據傳王舍城外以迦葉尊者為中心聚集五百佛弟子舉行了首次的結集，其後可能因為產生了種種疑義與異義，又舉行了第二、第三次結集，不過，當時教法尚未筆錄下來。

有關教團的確實記錄，得等到大約百年之後，最初統一印度的孔雀王朝 (Maurya D.) 第三世阿育王的治世方始出現。

今日在沙爾納勒 (Sārnāth) 或藍毘尼 (Lumbini)❶的岩壁、石柱等殘留下來的梵文刻字，記載著阿育王下詔警告教團的分裂，此點最能證實佛教史籍所載有關教團分裂的記錄。

---

❶ 藍毘尼 (Lumbini) 是中印度迦毘羅衛國的園林（位於今日尼泊爾南部），釋尊生母摩耶夫人臨近產期歸返娘家途中，在此園無憂樹下休息時產下聖嬰。

教團的分裂，果真是基於信念的差異或者源於任何時代都會發生的內部權力鬥爭，是另一回事，無論如何，在兩派之間公然形成了宗教觀的根本性對立。被視為「上座部」之中的代表性部派是「說一切有部」、「犢子部」、「化地部」等，而「大眾部」的代表者為「一說部」、「說出世部」等。而且，這兩派之間在存在論、時間論、佛身論等方面似乎確實有相當的差距。

例如「上座部」便具有實在論的傾向，在時間方面也把過去、現在、未來之三世當成恆有；相對於此，「大眾部」則堅持遵照緣起的理法，把一切法看成剎那生滅，而在三世方面也認為唯有現在是實有，其他則無實體，或是把過去、現在、未來都看成是幻假的。再就「佛身論」而言，「上座部」主張佛陀既入涅槃，便已灰身滅智的現實說法；相對於此，「大眾部」則強調佛陀身體的形質是超人而非凡的。

而且，最引人注意的是，「上座部」注重阿毘達摩（論藏），構築了佛教教學繁盛的一大理論體系；相對於此，「大眾部」成為庶民的宗教，以實踐倫理為生命。其後如所周知，這些「上座部」被稱為「小乘教」，而「大眾部」一般以自利利他為目標，這些主張發展成「大乘佛教」。

「上座部」之中，建立了最精密理論體系的是被稱為「說一切有部」的部派，他們的根據地原本是在印度河上游的喀什米爾及鄰接其西境的健馱羅（Gandhāra）❷。

當地自古以來被稱為印度的門戶，是東西交通的要地，紀元後仍是大月氏國王迦膩色迦（Kaniska，二世紀時人）保護之下佛教興隆的地區。代表「有部」派教學的最早古典著述是《發智論》，作者為迦多衍尼子，據說是紀元前一世紀前後的人。《發智論》是將「有部」的立場加以概論性的闡述，但內容有些晦澀，因此注釋成了必要，為此目的編纂而成的便是二百卷《大毘婆沙論》大著。

「毘婆沙」（Vibhasa）漢譯為「廣解」、「廣說」、「勝說」等，但它主要的是意指「律藏」或「論藏」的注釋書。

不過，以《大毘婆沙論》來說，它除了注解《發智論》之外，還介紹了當時印度以至西域的所有說法，並且站在「有部」的立場加以論難與批評而想伸張本身的正統性，由於內容牽涉過於廣泛而多歧，不免有缺乏統一性的瑕疵。

於是為了彌補這項缺點，將本書加以概要歸納便有其必要。以法勝《阿毘曇心論》為首的數種綱要書便因應這種需求而出現，而世親的《阿毘達摩俱舍論》則不僅是部綱要書而已，還加上自身的創見，並整理成有條不紊的統一體系，因而直至今日仍作為佛教教學的基礎理

---

❷ 健馱羅位於巴基斯坦西北部，為 Peshāwar 地方的古名，當地富有古代宗教、美術遺蹟。

論而持續保有不朽的聲譽。意謂「對法藏論」的這部書，內容由六百零七偈及加以解釋的散文所構成，可說是了解當時有部之教義最為合適的綱要書。

「有情」與普多嘎拉(Pudgala)

就算理論上略顯陷於煩瑣的往復析論的傾向，自《發智論》、《大毘婆沙論》以至於《俱舍論》，「說一切有部」那些有學問的僧侶們，無不想要儘量忠於佛陀的教理，並想將它按照原樣流傳到後世。

他們不忘高揭「諸法無我」的佛法標誌來與「諸行無常」、「涅槃寂淨」二法印並列，但他們多半像先師那樣，似乎並未理解那個「無我」的蘊義。「有部」派的人們雖然遵照佛陀的教導對「我」做了否定，但卻代之而導入了「有情」的觀念，因而似乎讓「諸法無我」的法印變得了無意義。

不過，什麼是「有情」？按照他們的說法，生存之物的一切稱為「有情」——亦即具有感情與意識的生活之物。那麼，「有情」與「我」如何不同？「有情」是指剎那生滅的五蘊之持續，而「我」則必然是超越生死的永恆不滅之實體。

五蘊儘管有生滅，其中也會形成連續之流的一種統一。通常把這種統一看作一種人格，若人名是提婆達多只不過習慣稱為「提婆達多」，若是阿闍世則習於稱為「阿闍世」。但是，形成提婆達多或阿闍世的五蘊之因素，是剎那離合聚散而片刻也不停息，所以其中並無提婆達多或阿闍世之「我」，若有的話只是作為有情的提婆達多或阿闍世。

這種情形恰如焚燒枯野的火苗，儘管一個一個火焰剎那竄起又剎那消滅，火本身仍以一種野火繼續蔓延。五蘊的持續只是權且以「有情」來加以解說。

這種「有情」以貪愛與執著為緣，流轉於生死。「說一切有部」的立場便是「我空法有」，人雖無有，但構成存在的要素則為恆有，因此，有情在貫通過去、現在、未來之恆有的法之間繼續流轉演變，這便是有情的輪迴。「有部」派便這樣在有情的輪迴世界裡，建立了地獄、餓鬼、畜生、人間、天上之五趣；「五趣」意指有情趨往的五種道路。

有情按照自己的業報，流轉於五趣之間，其間要經歷中有、生有、本有、死有的四種狀態。中有是指死後至下次受生之間，生有是受生於各個世界的託胎、結生那一剎那，本有為受生至臨終的生有與死有之間，而死有則為臨終時咽氣的那一剎那。

「有部」派甚至連瞿曇佛陀所說的「十二因緣」，也詮釋為是闡述有情流轉三世的輪迴。「十二因緣」如前所述，是無明、行、識、名色、六處、觸、受、愛、取、有、生、老死，但若透過三世兩重的因果從胎生學上加以解釋的話，這十二分支便表示「有情」在流轉於生死之過程的各自位態。如此詮釋似乎還基於倫理上的要求，想要確立「善因樂果」、「惡因苦果」的道德性因果律。

《大毘婆沙論》裡說：「如果法非三世實有，因果便受排斥，佛道修行也變得毫無意義，一切法便不能成立，非得墮入大妄見不可。」這種見解大概便透露出其中的消息吧！（見金倉圓照所著《印度哲學的自我思想》）

「有部」以因果報應之理說明有情在三界六道的流轉輪迴，的確頗能打動世俗之心，加上與遠古以來即成為民間信仰的底層思想相符，所以的確具有極大的影響力。他們的主張當然會波及其他部派的來世觀，不久，連提倡「般若皆空」的大乘佛教思想界，也引用為一種方便說法。

「有部」派便這樣最初倣效祖師提倡「無我」，但結果並未否定「我」，不過是以「有情」的觀念代替「我」而已。簡而言之，說「我」也好，稱呼「有情」也罷，這只是名稱上的不同而已，並未能貫徹佛教出現之意義所在的無我思想。

而且，與「有部」的方法大同小異的還有同屬上座部的「犢子部」。「犢子部」派似乎不像「說一切有部」那麼有勢力，並未留下自己本派的論著，因此，他們的說法只能從其辯論對手的「有部」派之文獻上獲知。現在，將《俱舍論》中所引述的「犢子部」派的主要說法敘述如下：

> 「有部」派標榜相當於「我」的「有情」，相對於此，「犢子部」派則標榜普多嘎拉。普多嘎拉(Pudgala)這個語彙據說在梵語裡意指「身體」或「物體」，但在「犢子部」派裡將它用為「靈魂」之義，似乎可以認為與婆羅門教的Ātman相當。他們倒是將普多嘎拉依存於五蘊，但並非五蘊本身，雖說如此，卻也不離五蘊而存在。這種情況類似薪與火的關係，離開薪木便無火焰，但火焰並非薪木本身。

「犢子部」派不像「有部」派那樣承認五蘊的實在，因此普多嘎拉並非實有，但既是因五蘊而持續，也不能說是假有。亦即它既非常住，也非斷滅，普多嘎拉是轉世復生，一面代替死亡一面繼續流轉演變。總之，「普多嘎拉」對於五蘊而言，似有想要設法逃避所謂「以不即不離的說法來謀求『有我』」的非議似的，不免讓人有迫於無奈之感。

在佛教部派裡，除了「犢子部」之外，「正量部」派與「經量部」派也採取這種「普多嘎拉」說法，但其他部派則認為普多嘎拉結果不過是「我」的異名，儘管表面揭示「無我」而其實骨子裡在謀求「有我」，對此不免要加以抨擊。從上述有關釋迦牟尼入滅後佛教部派的教說來看，可知儘管祖師高揭「諸法無我」的標誌，可是他們或多或少都難免受到「我」之實在觀的拘束。

「無我」的教說的確不愧是劃時代的思想，卻因末流而受到誤解，甚至歪曲。

即使是佛教徒，也難以擺脫在悠久的時間當中自然而然滲入印度人心靈的婆羅門教之深遠影響——尤其是奧義書之哲人們所達致的「永恆實存的Ātman」思想，另一方面，要排除流動在民族心靈底層的「靈魂不滅」之民間信仰也非易事。不過，想要打破小乘部派的這種迷妄，並掃除勝論派或數論派等外道的邪見，以使「諸法無我」的思想回歸往昔瞿曇佛陀的主張者，便是以龍樹為中心的大乘佛教教徒。

空觀與唯識

龍樹(Nāgārjuna)生於紀元二世紀南印度的婆羅門家庭，年少時便已嶄露頭角，英才超群；及至壯年，對自己的名聲感到自滿而耽溺於酒色，但因兩個酒友遭遇奇禍才憬然反省，出家開始學習小乘。但是，不久對此感到不滿足而多方尋求大乘經典，就此撰寫了許多注釋與論述，被尊為「空宗」之祖。他著述之中的代表性作品有《中觀論》、《十二門論》、《大智度論》等，《大智度論》是詳細注釋《大品般若經》的一部書。

這部把諸法實相看作空的特異經典，究竟完成於何時、何地，直到今日仍不清楚。內容多達六百卷的大部經典理應不是一時之作，所以它的成書必是歷經長期歲月依序累積而成，而最近的研究顯示這部經典的發祥地是在印度西北地區，據推測可能是健馱羅這個地方。

但是，「般若」思想婆羅門教自古即有，它在婆羅門僧侶哲學性的思辨裡具有極重要的意義，上古奧義書中的「般若所成之我」，被當成萬有之根源的梵(Brahman)。再者，《般若經》中的「空」之思想，在小乘教裡也已提及，《大毘婆沙論》便舉出「十空」的說法。

不過，這些被認為是為了證明「諸法無我」的「析空」(分析性的空)或「但空」(偏於空之理的片面見解)，而非真空。例如「有部」派雖然認「我」為空，但卻以「法」為恆有，因而不是真的空觀。相對於此，龍樹在《中觀論》、《十二門論》等著作中便把「一切皆空」的蘊義闡述得一清二楚，他是從「真俗二諦」的原理來加以解說的。

此即出現在我們眼前的現象界，作為經驗上的事實，不能否定其存在，而在這個限度內加以肯定的便稱為「世俗諦」；然而諸法的實相(各種存在的真實狀態)並不在這些對立的現象之中，而必須是在超越這些的絕對世界中，但此處所說的超越並非意指超越現象界之絕對界的個別實在，乃是恰如差別的原樣而視之為空，如此便稱為「真諦」或「第一義」。

若是如此，諸法為何是空而難以理解？這是因為這個世界的一切存在是由於因緣和合而產生的緣故。既然一切存在是因種種條件而成立的，其中全都不可能有自性，沒有自性便是空。

由於所有的存在並無自性，便不能稱之為「有」；雖說是這樣，但也不能說是虛無。這樣脫離有或無的相對世界便是「真空」，這個「真空」是恰如原樣的「妙有」。再者，「空」的真義是遠離吾人的思慮、分別而為不生、不滅、不常、不斷、不一、不異、不來、不去的，但凡夫為迷幻所拘縛，卻將這些看作生滅、斷常、一異、去來。由於認定這些有如實在，並加以固執，因此才會流轉於生死的世界裡。吾人應該好好地了解這個「八不」為實相，而回歸實相，證得涅槃。

以上所述便是龍樹大乘空觀的概要，但也可說龍樹藉此否定了「有我」，同時又巧妙地滅卻「生死輪迴」吧！

並且，這種「否定」或「滅卻」不像小乘部派那樣藉由所謂「析空」或「但空」來加以否定，乃是為了揚棄相對性的認識而導出高層次空之立場的否定。龍樹儘量運用這種銳利的推理，藉由「否定」再加「否定」而達到了「妙有」的境界，因而世俗諦裡的「有我」或「生死輪迴」一旦遭到否定而被消除，不久卻照樣受到肯定。

不過，在大乘裡，「無上正等正覺」並非單憑般若皆空的思辨便能到達的。小乘之徒的理想完全是透過阿羅漢果來獲得正覺，所以只要從社會隱退而避居在僧院裡，專心致力於禪定與教學研究便可；但是，大乘裡則不只是單獨的我，還以一切眾生成佛為目的，所以只要有眾生仍在有情之中流轉，便絲毫不敢鬆懈，務以救濟眾生為職志。因此，在般若的教導裡確立了布施、持戒、忍辱、精進、禪定、智慧等六種波羅密修行，而此六度（謂「度」到彼岸）才是使大乘遠遠隔開小乘的實踐原理。

然而，龍樹的空觀哲學雖是認為諸法實相皆空的存在論，但真空何以照樣是妙有呢？就現象與本體的相互關係而言，這個問題毫無解答之處。回應這種要求而出現的，便是其後稱為「法相宗」的「萬法唯識」哲學。

正如空觀哲學依據《般若經》那樣，唯識哲學是以《解深密經》為其根據。這部經典一般推測撰成於三世紀前半葉時期，內容就諸法開展之根源的意識之基體做了相當獨創性的分析。該經採取十二因緣中之「識」作為萬法開展之根本的意識，闡述隨著這種意識的發達，身心或環境也跟著具體顯現。

另外，也闡述此識使執持一切而會成為一切者潛藏起來，因此稱為阿陀那識（執識）或阿賴耶識（藏識）。而潛藏於阿賴耶識者，開展成為現實的世界，透過作為阿陀那識的心而受到維持的，便是吾人的生存狀態。但是，那不過是由於吾人的妄見而信以為實有的歪曲外相，它本來是與由於緣起而呈現的他者之間相互關係中的某種東西之外相，而實相則是圓滿具足的真如之貌。而且，吾人當成認識之對象者，毋寧說是它的影像而已。

以《解深密經》為根據的唯識哲學，不久由於彌勒、無著以及先前撰著《俱舍論》的無著之胞弟世親等人的闡揚，逐漸建立了此派哲學體系。世親在這個領域裡也撰述《唯識二十論》、《唯識三十頌》，貢獻極大，成功地奠定徹底唯心論的體系。《二十論》以辨明「唯無無境」為主，《三十頌》則闡述阿賴耶識的變化。

依據他的說法，三界只是識所為之業，現象界如吾人夢中所見，並無實在。將對象誤認為實在，乃是吾人立足於相對性的「分別智」之上的緣故，若以絕對性的「無分別識」來看的話，便能領悟此乃夢幻。至於論及主觀或客觀，要而言之，乃是吾人相對性的認識，亦即「分別智」的作用。

再者，就阿賴耶識而言，吾人視為實在的一切東西全都不過是意識之根本的阿賴耶識之變化而已。阿賴耶識大致可分為自己已往業果的果報識、執著於事物的末那識以及透過眼耳鼻舌身意來辨別外界的境了別識三種，但儘管森羅萬象全都是這三識不斷變化轉換所呈現的假象，吾人卻認定它們為實在。

末那識還具有將阿賴耶識自我化的作用，由此產生我見、我痴、我慢、我愛等四種煩惱。阿賴耶識所形成的世界不過是藉由變化轉換所產生的迷妄世界，因此若透過瑜伽修行來領悟萬法唯識的道理而遠離分別智的話，識便失去對象而能體驗內外皆空……。

可是，成為末那識執著對象的阿賴耶識，由於事實上成了我的基體，如此當然必須注意這個輪迴的主體。唯識派也與其他部派一樣，一面以「諸法無我」為方針，一面則不知不覺地以阿賴耶識的名目樹立了實我。法相宗儘管具有精緻細密的教理，卻仍被華嚴或天台低貶為「權大乘」，其中的緣由豈不在這裡嗎？

後世佛教的輪迴觀

在接近我們的後代佛教之中，從正面否定輪迴的宗派當推禪宗吧！禪宗以般若的智慧破除迷妄之見，因而立即截斷了業報輪迴等各種說法。但是否所有的禪僧都如此呢？似乎有少數的和尚並不徹底，在唐宋時代的法語集裡，便有訓誡這種邪見的記載。慧忠國師曾向從江西來的雲水探問：

最近，南方的師家有怎樣的說法？

雲水的回答如下：

彼方知識直接指示學人即心是佛，離開此心更無別佛。此身即使有生滅，心性卻無始以來便未曾生滅，人身的生滅有如龍之換骨、蛇之脫皮、人之離開故宅，人身是如此無常，而其心性卻是恆常。南方的說法大致如此……。

這是心常住而形相為死滅的想法，如此稱為「心常相滅」之見，被認為是外道的邪見。慧忠國師聽說如此，頗為感嘆：「若是這樣，便與先尼外道沒有差別，由於刪除聖意、惑亂後世，這樣的言教怎會不滅亡我們的宗派呢?!」另外，大慧禪師在某處看到一幅畫贊，畫中骸骨之上如此題詞：

這裡有屍，其人何在？
乃知一靈，不住皮袋。

禪師說道：「這個不行，乃外道之見！」於是立刻提筆改寫如下：

即此形骸，便是其人；

一靈皮袋，皮袋一靈。

人死後屍體橫躺在這裡，但那個人究竟在那裡？由於靈魂不滅，所以大概不會住在屍體裡……。相對於此，不！這個形骸才是這個人，離開形骸便無靈魂，這便意味靈魂即是這個形骸吧！這種見解確實有點淡漠，但若把一切的有為法看作因緣，站在徹悟「人法二空」的禪之立場來看，便唯有作如是想。道元禪師在《正法眼藏辨道話》裡，對此有更詳細的闡述：

彼外道之見，認為我們的體內有一靈知，那靈知在有緣之處，經常辨別好惡、分辨是非，知道痛癢、了解苦樂。一切都是那靈知的力量，那靈性在此身滅亡時，也會蛻變到彼方。因此，即使在此處滅亡，若能生於彼方，便能長久不滅而常住。彼外道之見如此，學習這種見解而將之當成佛教，不正比視手中握著的瓦礫為金寶更為愚蠢、痴迷嗎？

應知佛法所談的是身心一如，所以性相不二。西天東地乃眾所周知之處，毋庸置疑，況且談論常住的法門，認為萬法皆常住，身心不相牴牾；談論寂滅的法門，認為萬法皆寂滅，性相也不相牴牾。所以佛法不說身滅心常，不違背正理，只須覺悟生死正如涅槃。現在只談生死而不說涅槃，泛論心離身可以常住，如此可說是離開生死而妄圖佛智，這種理解使知覺之心仍有生滅而無法常住。

應知佛法乃心性大綜合的法門，涵蓋一大法界，性相不分，不談生滅，達到菩提涅槃之前，諸法門皆平等一心，此即佛法的心性……

雖然上述引文篇幅稍長，不過藉此便能明瞭禪家有關「生死流轉」的觀點。而自古以來，主張透過阿彌陀佛的願力闡述念佛往生，無論多麼罪大惡極的人，即連缺乏善根的闡提之徒也立誓加以普渡的淨土宗，它的輪迴觀究竟如何呢？

宗門先達的曇鸞在《往生論》中，便曾說：「三界乃此輪迴相。」源信在著名的《往生要集》寫下如此的梵讚：「接受六道輪迴的生命，如車轍般延伸不已，成為父母成為子女，生生世世迴轉不息。」此外，《歎異鈔》也說：「自身為此現實罪惡生死的凡夫，歷經曠劫的此人，經常沈淪，經常流轉，沒有出離之緣的此身……。」「堅定信心時，若一旦信受而不加以捨棄，便不須在六道輪迴。」

再者，《歎異鈔》裡還提到「一切有情皆生生世世成為父母兄弟」，這種見解看來可能是受到《心地觀經》下述文句的影響：

有情輪迴生於六道，猶如車輪無始無終，或為父母，或為男女，生生世世，互有恩情。

從上述的言辭來看，淨土宗似乎明顯地也被認為相信「輪迴轉生」而對「生死流轉」無所置疑，不過，在所有宗派裡都有世俗諦與第一義諦，在第一義諦中即使未能加以肯定，為了教化眾生起見，在世俗諦裡也會用來作為方便說法，因此據此判定他們照樣相信上述言辭可能有些輕率吧！

但在佛教裡，「方便」說法往往受到濫用，有時為了這種「方便」說法，非但未能教化眾生，反而讓人墮落、頹廢。為了啟發眾生倫理性責任的這種方便說教，反而將道德觀念染上功利色彩。

依筆者的淺見，「絕對他力」的教導便是否定其本身的「有我」，而否定「有我」又是否定輪迴的主體，如此一來，當然便滅卻了輪迴。並且，淨土宗對「有我」的否定，《歎異鈔》

中的下述一段話當能加以充分說明：

> 全身充滿煩惱，卻說已經開悟，此條令人難以信服。

此外，否定「生死輪迴」的還有日蓮宗。日蓮宗認為一切眾生流轉於生死海乃是由於無明的緣故，為了化導眾生這種迷妄，所以佛陀才出世說法，因此他們主張完全依賴《法華經》擔任「三大祕法之大御本尊」的「自行化他」之信心，單憑如此勤勉精進便能脫離生死輪迴。

以日蓮宗的教學而言，便認為娑婆世界即是「寂光淨土」，視生死即為涅槃，因此以即身成佛為教學方針，如此當然便否定了輪迴，認為生死輪迴乃是迷信邪法者所陷溺的惡道。在《當體義抄》中便如此記載：「正直地捨棄方便說法，只要信奉《法華經》而唸誦《南無妙法蓮華經》的人，便能將煩惱、業、苦這三道轉化為法身、般若、解脫這三德，如此三觀、三諦即會顯現於一心，此人歸結之處便是常寂光土。」

第十章　輪迴思想的成因

靈魂的脫離

綜合以上諸章所考察有關輪迴思想的由來，便會發現其中牽涉到民族、風土與歷史等無數相關的複雜因素。

就以輪迴思想之根本的靈魂這一問題來說，有些種族仍停留在萬物有靈論(animism)的階段，而有些種族則已發展成高度形而上學的體系；而且，即使在同一種族之間，有的相信靈魂不滅，有的卻不認同。再以靈魂的再生來說，有些認為是「轉生」，有些則看作是「復活」。在人種與國土不同的人群之間，就算有看來相似的他界思想，死者的葬儀同樣會在相互矛盾的觀念之下辦理；甚至縱使有極為酷似的輪迴觀，它究竟是從一方傳播至另一方抑或各別獨自發生的所謂「偶然的巧合」，也不容易加以判定。

但若對這些錯綜複雜的各種來世觀感到困擾而退縮，問題便怎樣也不能獲得解決，因此筆者決定甘冒不諱將它們分為若干類型來進一步加以論述。不過，話先說在前頭，這種概念化的論述往往會流為片面的皮相之見，所以它當然不過是種或然性的說明而已。

首先，輪迴思想之成立的基礎是以靈魂能脫離肉體而獨立存在為前提，因為靈魂若無獨立的主體，它的轉生或流轉便毫無意義。

自古以來，多數的人類在史前時代的某一時期似乎便已具備了「靈魂」的觀念。情形大致是人類形成聚落進入定居生活，以語言來與別人接觸溝通，藉由火食而懂得貯存食物，由此產生了思考的餘暇，開始意識到自己的輪廓——雖然模糊而不清晰。總之，到了這一時期，觀念上已逐漸達到能識別曖昧的自身與自然、生與死、疾病與健康、夢與現實等之間的差異。

區別死者與生者最明顯的跡象，便是向來不斷呼吸的人突然氣息停止了出入，因此原始人認為死亡便是像空氣那樣的東西從人體內悄悄溜走；此外，病人與健康者的不同徵候，認為是精神委靡以致氣色不佳。

這種像空氣、精神（元氣）的東西，終至讓他們具有了靈魂的觀念。

如前所述，在古代的世界裡——無論是在印度或希臘，意味靈魂的語彙大致是源於呼吸或氣力而來的。

英國人類學家佛萊則(James George Frazer, 1854~1941)在他的著作《金枝篇》裡提到，原始人相信靈魂會從嘴巴、鼻孔脫逃而出，像南太平洋馬貴斯群島(Marquesas)的土著為了防止瀕死之人的靈魂脫逃而去，有將他口、鼻塞住的習俗，以期垂死者的生命能繼續存活。在印度若有人在人們面前打呵欠，便經常會有弄響拇指的習慣，人們相信如此一來便能阻止正要從張開的大口溜出的靈魂。

美洲的印第安人卻不認為靈魂像輕飄飄的空氣那樣，而是具有完整的肉體、像拇指般大的小人。這個小人可說便是他本人的雛形，平常居於肉體的內部操控宿主的活動，但會隨著肉體的死亡離開宿主而隱藏行蹤。宿主死亡時，它是永久的失蹤；但宿主若為睡眠或神志昏迷的情況時，便相當於它短期外出或出外旅行。

這個小人便相當於吠陀經典或奧義書中所稱呼的「陽石」(linga，陽根形的細長身材)。靈魂除了被詮釋為小人之形外，有些民族甚至還把它具象成鳥、昆蟲、鼬鼠或老鼠等小動物的形狀。並且，最能說明古代人確信靈魂的存在者，莫如他們睡眠時的夢中經驗。

儘管身體確實躺在床上，但他們卻同時能徘徊在山野間漫遊，或駕著獨木舟在急湍中逆流航行。而且他們認為這種歷歷如繪的經驗，若非靈魂溜出肉體實際訪臨夢中場所或從事夢中所見之事，便不能完全加以解釋清楚。因而對古代人來說，靈魂必然是存在的，而作夢便是靈魂出外遊歷。所謂「不可喚醒正在睡夢中的人，若非喚醒不可時，也要緩慢地喚醒。」這種想法仍是今日未開化民族之間的共同觀念。因為若突然加以喚醒，那麼脫離肉體在遠方徘徊漫遊的靈魂，便不能回歸肉體，如此肉體難免死滅；藉由緩慢地喚醒，便能給它歸返的緩衝時限。

就這層意義而言，更動睡夢中人的床位，或對他的顏面、身體給予任何的干擾，都是受到禁止的，因為這樣會有靈魂尋找不到自己的宿主而成為迷路孩子的顧慮。有些種族還認為鏡中的映像、水面的照影或月光照射下投在地面的自身影像，必定也是靈魂溜出的模樣。

南非祖魯族深信沼澤藏著魔怪，會盜取人們映照在水面的靈魂而不敢靠近水岸，古代的印度或希臘也有不可看到自身水中倒影的禁忌，那西塞斯(Narkissos)❶神話應當也是其中的例子吧！

這種視靈魂從肉體溜出為理所當然的想法，後來還連帶涉及其他靈魂也可能潛入的思想。未開化的部族直到今天還認為發瘋、性格改變、邪魔附體等，是靈魂不在時其他惡靈偷偷侵入的結果，而想依靠巫師將它驅走。日本人習慣用語裡的「鬼迷心竅」或「中邪」，大概也是源自同樣的思想。

❶ 那西塞斯（Narcissus 希），希臘神話中的美少年，因迷戀自己水中之影，終至憔悴而化為水仙花。

不過，被認為寄宿在肉體裡的靈魂，多數的情況下並不只限於一個種類。數目多寡因種族而各有不同，有些認為一個肉體會寄宿二種或三種靈魂。例如印尼西里伯島(Celebes)的波梭・河富爾族便相信人體內有生命、智能、聖靈這三種靈魂，而古埃及人也認為靈魂有死靈「吧」、保護靈「咖」以及稱為「空嗯」的影像魂三種。

在古代的中國，意謂「靈魂」的語彙有鬼、魂、魄三種，鬼意味著死者的遊魂，魂指死後昇天的「精神」，而支配肉體的魄則被認為死後會回歸大地；此外尚有「靈」這一語彙，但它不單指人類的靈，而是寄宿在天地之間一切森羅萬象之精氣的總稱，所以在某些情況下，它也會附身於人體作祟。

在《舊約聖經》的〈傳道書〉裡，有句嘲諷的話說：「有誰知道人的靈魂昇天，獸的靈魂落地呢！」由此可以確定古代的以色列人也有靈魂的觀念，但在希伯來語裡，意謂靈魂的語彙有「魯阿克」與「奈費雪」兩種，魯阿克似乎是指氣息，而奈費雪則意味著心。

古印度意謂靈魂的語彙則多得不可勝數，以最古的《黎俱吠陀》之讚歌為例，便有「阿斯」與「瑪那斯」兩種。其中阿斯是指氣息，而瑪那斯則意味著心意，與以色列人的說法互相呼應。在希臘語彙裡，「賽克」(Psychē)意指亡魂，而「芙雷納斯」則為心意。

如上所述，先是有了這些脫離肉體而獨立存在的靈魂觀念，然後才形成後來輪迴思想的根基。

轉生

那麼靈魂脫離肉體之後的行蹤究竟如何呢？這個問題得先分為肉體仍然存活以及已經死滅兩種情況來加以考量。

肉體仍存活的情況除上述睡夢或神志昏迷之外，還有戴奧尼索斯祭儀中的陶醉、靈魂出竅、神人合一之類的神祕體驗，以及真言密教中即身成佛的境界等，但這種情況下靈魂會重歸肉體，所以沒什麼奇特。成為問題的是肉體已然死滅，而脫離的靈魂此後不能返來的情況。

不過古埃及人卻相信，人死之後以木乃伊的方式保存死滅的肉體，飛往太陽神拉身邊的靈魂一旦在某一時日返來，肉體便能重新復活。這種特殊習俗固然是源於埃及乾燥的風土易於永久保存木乃伊，但最主要的還是基於埃及人對現世不懷直觀之苦，而希望來世也是現世之延長的殷切願望吧！

但埃及人專心致力於木乃伊的製作只延至第四王朝時期，自此以後便已不再展現先前那樣的熱心了。由於局勢的演變，現世已不復成為往日那樣的王道樂土，他們已不再寄望來生，而傾向前往奧西烈斯的天界來希求永恆的生命。除了古埃及這種特殊情況之外，靈魂能夠達成脫離死滅之肉體的最簡捷方法，便是移居到附近其他動植物的身上。

其中多數的情況是移居到啄食屍體的禿鷹、鴿子、烏鴉的身上，或聚集於屍體的甲蟲、蒼蠅、蜾蠃、大胡蜂等體內，但在以太陽崇拜為信仰的種族裡，認為死者屍體進入飛舞的鳥兒或群集的羽蟲，便是靈魂搭乘交通工具前往太陽神身邊，此乃最理想的轉生形態。

另外，有些情況像孟加拉的老虎或婆羅洲的怪獸熊貓會侵襲風葬中死者的棺柩，藉此成為靈魂新的宿主；有些採用水葬方式的靈魂轉生，便由美洲鱷魚或大洋洲美拉尼西亞群島的鯊魚來承擔。但最為直截了當的，便是不管三七二十一的藉由人食人的轉生方式。透過兒子吃父親、嗣子吃父王的方式，也是讓靈魂相續的手段——他們對死者是懷著極大的尊敬與感激來進食的。

佛萊則在這方面也為我們提供了珍貴的例證，《金枝篇》第二十七章有如下的記載：

> 在西部非洲亞貝奧庫塔(Abeokuta)部族裡有種「阿拉喀」的習俗，當舊王死亡時，長老們便從他的遺骸切下頭部，收藏在大陶甕裡，遞交給新王；它成了新王的物神，他對此必須加以尊崇。有時顯然為了讓新登基的君主更加繼承王統的咒力及其他品德，

還會受到要求食用前任者物故遺骸的一部分。在亞貝奧庫塔部族裡，先王的頭除了贈送給繼任者外，還將他的舌頭割下來讓新王進食。因此，土著是以「他把先王吃了」來表達新王的統治地位。

即使同屬轉生，也有像上述這樣簡便的靈魂移居方式，相較而言，所謂「轉世」的方式在手續上就麻煩些。因為脫離死亡肉體的靈魂一旦前往冥府，便要接受冥府之神的審判，按照他生前所犯之罪的輕重來決定其轉生。

最早的冥府之神是古代埃及的奧西烈斯，在紀元前二四〇〇年至二二〇〇年期間的第九王朝暨第十王朝時代，埋葬死者的棺柩上面便出現了「奧西烈斯之法庭」的文辭。死者的靈魂「在此法庭被判為義」的祈禱文也記載下來，在死者名字前標注「被判為義的某某」之形容辭已成習慣用語。

但是，那一時代的思想是一旦在奧西烈斯的法庭接受審判，若被判有罪，靈魂便立刻會被侍候在背後的一隻頭部為鱷魚、前足為獅子、後足為河馬的怪物所吞食，因此便完全喪失再生或復活的途徑，所以遭受處罰便不可能再轉生為任何其他東西。

在奧西烈斯的法庭裡，唯有「被判為義的靈魂」才能轉世為其他生物，可任憑當事人的願望轉生為瑞鳥、聖獸或王侯貴族等，因此這種場合的轉生並非刑罰而是褒賞。

與此相對照的，是將戴奧尼索斯信仰擴大至教團規模的奧爾菲斯教之教義。關於此點如前所述，在紀元前六世紀時期希臘之阿提克 (Attika) 出現了以奧爾菲斯的宗教詩為中心的教團，而從奧爾菲斯被認為是色雷斯之王子的傳說來看，這個宗教多半是從色雷斯傳入的。

根據此一教義的說法，人一生下來便兼具善的要素與惡的要素；善的要素是靈魂，而惡的要素則為肉體。靈魂之居於肉體恰如囚犯之拘於牢獄，因此靈魂為了獲得自由必須解脫肉體的束縛方能達成，但此種目的不一定要透過死亡才能實現。死者的靈魂前往黑地斯 (Hades) 的冥府接受審判，按照他生前的罪行再寄宿到不同的新肉體上。由於奧爾菲斯教認為肉體是靈魂的牢獄，在此情況下轉生顯然便是刑罰。

在婆羅門教裡，執法之神為伐爾拿 (Varna)，但《黎俱吠陀》裡尚未表現出審判的思想。死界之王為雅瑪 (Yama)，但他的領土是在天界，此處是祖靈聚會的樂園，死者的靈魂上升到此雅瑪天與祖先的靈魂一塊交遊，這種極為樂天式的想法是古代印度雅利安族的來世觀。

不過，同樣是這位雅瑪王，在後世印度教裡他的領土卻遷移到地下的冥府，成為專司惡業懲罰者的死亡之神。再者，佛教中的地獄審判者，便是眾所周知的那位令人聞之膽寒的閻羅王。印度教毋寧說是婆羅門教以前潛伏在民間信仰之思想的表露，因此像奧西烈斯審判的那種思想，早在民間信仰之中傳播，它也被認為伴同印度獨自的業思想而產生了輪迴思想。

業思想

像奧西烈斯的審判那樣，若死人當中有罪者的靈魂遭到破壞而不能再生或復活，當然便不可能有輪迴轉生之類的道理，因為輪迴要以靈魂不滅為前提才可能發生。

由此看來，若說古埃及的宗教思想全無「輪迴轉生」的思想，如此推測未免會過於輕率吧！從先王朝時代至耶穌基督紀元，埃及的歷史已經歷了四千數百年悠久的年代，其中有很多王朝重複興亡、有很多城市一再盛衰；諸神煥發朝日榮光，而後淪為黃昏落日，其間產生了形形色色的宗教思想，互相混淆、調和，有些發揚顯露，有些蹤影潛藏。

埃及的宗教文學中最有名的是《死者之書》，但與此書思想相異的還有一部《他界之書》，值得特別加以介紹（該書若譯為《在他界者之書》，或許更為正確）。

根據該書的記載，他界配合夜晚十二時辰分為十二界，並說明死者的靈魂前往拉神的王國之途中，會遭遇各種神祇或妖魔——尤其是稱為阿夫・拉(Ahura)的「夜之太陽神」。

書中提到死者靈魂歷經各界時，會依照前世所作所為的善惡接受各自應得的報應。惡人會被浸泡在水裡、被火燒烤，受到地獄這種水深火熱的責罰之後，蛇還會咬齧他的頭顱與軀體。

這部《在他界者之書》與歌誦奧西烈斯信仰的《死者之書》，大概是源於不同系統的宗教思想，毋寧說是較接近印度的業思想而值得加以注意吧！它的別名叫做《二道之書》，此點也不由得讓人聯想到奧義書的「二道說」。

它之所以與《死者之書》屬於不同系統的理由，是因為在《死者之書》的他界裡，惡人的命運以滅絕的方式被處置得極為乾脆俐落，相對於此，《在他界者之書》則執拗到不尋求報應則不罷休。

在古奧義書才出現的印度「輪迴說」，原本不是婆羅門教的本來思想。婆羅門教裡把作為我的 Ātman 看成小宇宙，它與 Brahman 的大宇宙相即不離，因此人死之後，Ātman 消融於 Brahman 之中，其中並無產生輪迴思想的餘地。因而唯有認為它是由婆羅門教以外的其他思想所帶來的，古奧義書時代有「輪迴說」是由剎帝利（王族）傳給婆羅門的記載，便可作為這種推論的證據。

這種「輪迴說」的代表性說法見於《旃多格耶》奧義書五、三 (*Chan Dogya* 5.3.) 以下的記載，它是波拉維漢那王傳授給婆羅門鬱多羅僧 (Uddālaka Aruni) 的。內容大致是說某次鬱多羅之子出席潘查拉族的聚會，此時波拉維漢那王向這位婆羅門提出五項質問：「生物性命終了之後往何處去？如果他再回歸現世，以何種方式回來？神路與祖道的分歧之處何在？何以彼世不會充滿生物？水發出人語表示什麼意思？」這位年輕的婆羅門真是噩運臨門，對這些問題目瞪口呆，連一題也答不出來。

因此，君王便向他追問：「你何不向令尊請教這些問題？」於是他立刻前往他父親鬱多羅僧那兒去詢問，但那位以博學聞名的婆羅門也不知道答案。鬱多羅僧便親自去拜訪波拉維漢那王，向他懇求：「實在慚愧！我兒所探問的我一個也不知道。可否請您把向年輕人質問的問題對我解說明白?!」

君王回答說：「從你不知道這一點來看，似乎這種教說尚未普及到婆羅門。知道這種教說的，大概只有剎帝利吧！」便重新把「五火教」與「二道說」向鬱多羅僧解說明白。最初的「五火教」為：「人死之後若付諸火葬，荼毘之煙先升入月中，再化為雨水降落地面長育作物，吃進五穀成為男人的精子，然後進入母體再生為人。」這是將上述五種循環假藉祭火來作象徵性的說明。

其次的「二道說」是指「神路與祖道」，所謂「神路」是「在森林裡從事虔敬修行的人們，死後荼毘之煙經過晝間進入上弦月，太陽北行的六個月（夏季）遍歷虛空而進入電光，自此藉由原人(Puruṣa)引導進入梵天，不再重歸人世。」而「祖道」是「在村莊裡從事祭祀與善行的人們，死後荼毘之煙經過夜間進入下弦月，太陽南行的六個月（冬季）遍歷虛空而進入蘇瑪(Sōma)王的月亮，按照先前所說的五火教順序再重歸現世。」

於是在此人世積累善行的人，便會生為婆羅門、剎帝利或吠舍（平民），但素行不檢的人，便會轉生為狗、豬或首陀羅（奴隸）。另外，有些人只在此世不斷重複生死，如此便稱為「三處」。……

以上便是君王的教導，要而言之，便是有些人能與梵合為一體，但有些人則會回歸現世重複輪迴。在此情況下，神路便是「太陽之道」，祖道則為「月亮之道」，明顯地將「神路」置於優勢地位，可以窺出這是配合王族的太陽崇拜之信仰。

但是，若將它加以仔細的檢討，便可發現這種報應思想仍然處於相當樸素的程度，嚴格說來還不能說是輪迴觀，理由是不以業思想為根底的輪迴觀不過是轉生思想的延伸而已。一般認為業思想是在《布利哈德》奧義書中婆羅門僧侶耶吉聶維爾喀(Yājñavalkya)的教說裡才展現的，但其中說法仍不算充分、明白。內容比較分明的記載，就筆者所知，該是《摩訶婆羅多》(*Mahābhārata*)第十二〈解脫法品〉的文句吧！

如影之隨形，站在立業者之旁；跟隨行走者，為有作為者勞動。

所謂的「業」，不單只是善行、惡行的報應，乃是被投入「無明」之中束手無策的人類存在之樣貌本身。從這層意義來說，奧爾菲斯教的輪迴說是建立在「原罪」的意識上，因此和以業思想為根底的奧義書以來的輪迴觀具有很大的差距。

輪迴的行蹤

最早提出這種輪迴說的是剎帝利中的王族，剎帝利將它教給婆羅門意味著什麼？在佛教出現之前，祭祀固不必說，連宗教或哲學上的問題都是婆羅門階級的專職，並非剎帝利的插足之處。因此，若說是婆羅門教導王族中人那還差不多，但若是反過來由王族教導，當然會讓人產生疑問。

究竟婆羅門與剎帝利的差別起因為何？這必定是由於婆羅門保有雅利安族征服者較為純粹的血統，相較而言，剎帝利便摻雜了原住民濃厚的血緣。但正因為這樣，剎帝利繼承了曾經是印度河文明承擔者的原住民之習俗與風氣，所以在這方面也能向婆羅門垂下教範。

例如前面有關「二道說」中的「太陽崇拜」思想，它本來是屬原住民之印度河人的信仰，而非雅利安人的思想產物。不過，在《黎俱吠陀》裡歌誦了蘇利亞(Sūrya)、密斯拉(Mithra)、毘瑟笯（或毘紐天）等多位太陽神，但其中非但沒有一位是最高之神，而且在性格上也極為曖昧不明。

若與此相較，便知具有雅利安性格的雷雨之神因陀羅，在《黎俱吠陀》的讚歌裡獨占四分之一的篇幅，顯然是諸神之中最受推崇者。其理由正如前面所說，對流浪於亞熱帶荒野的遊牧民族而言，正午的太陽過於炎熱，長育牧草者毋寧說是雷雨。

另一方面，原住民的印度河人是農耕民族，對似乎是他們主要作物的小麥、大麥的育成來說，日照時間的久長便具有重大的意義。耕地受到分為五條支流的印度河之滋潤，並未缺少方便的水利。往時偶然也會是西南季節風侵襲的地方，因此氣候較今日更為濕潤，土地相當肥沃。從住宅的構築是使用燒成的磚塊這一點來推測，印度河河谷似乎長滿了成片綠林。

那兒曾有世界最早的按照都市計畫興建的街道屋宇，街道寬廣，並鋪修路面，甚至還看得到雄偉的宅邸、具有成列支柱的會堂、壯觀的穀物倉庫以及大浴場的遺蹟。每戶住宅都有水井、下水道與浴室，排水溝貫穿市區中心流入印度河。

今日意謂「死亡之丘」的摩漢周達羅廢墟，從那兒發掘到用赤土(terra cotta)製作的地母神像、用石頭研磨成形的陽石(linga)以及卍紋印章等，這些都是具有太陽崇拜的徵兆。地母神是「母親大地」的象徵，與天父太陽神互相呼應；陽石則自古以來作為太陽生產力之象徵而受到崇拜。

再者，具有太陽崇拜的另外證據是一九二二年馬歇爾爵士發掘該丘時出土的圖像，據推測可能是印度教主神之一的濕婆神之原型。那是浮雕在印章上面的一幅奇怪圖案，其中有頭上帽冠長著兩支角、被多數動物圍繞而採取坐禪姿勢的三面神。

但若以拙見來說，與其認為那是濕婆，不如說祂是尚不知名的印度河人之太陽神更為恰當吧！而且，神像所具的三面容貌，說不定是表示早晨、中午、傍晚各別的太陽面貌，抑或象徵祂的智慧、威力與慈悲的屬性。有人或許會把拙見當成門外漢的隨意臆測而一笑置之，但在《黎俱吠陀》裡所見到的〈馬祀之歌〉，到底又意味著什麼？這首讚歌是將馬奉獻為犧牲祭品的婆羅門祭祀儀式，但在這種場合，犧牲祭品被神祕化為太陽的象徵而受到讚美。

《黎俱吠陀》的〈馬祀之歌〉如此歌誦：

> 掛滿勝利獎賞的駿馬，到達了屠殺之場，一面滿懷迎向諸神的心意，一面讓牠的近親牡山羊在前引導；後方有富於詩情的歌者們（祭司）隨行。

但是，這個「牡山羊在前引導」意味著什麼？這是將犧牲之馬引導到屠宰場時，讓一匹牡山羊走在前頭，然後一齊受到屠殺。究竟為何會產生這種祭祀慣例呢？答案是馬本來是雅利安族才帶進印度的，在印度河文明時期並無這種家畜，因此，當時印度河人們獻祭的犧牲祭品，說來便只有這種牡山羊。於是到了《黎俱吠陀》時代，仍是以牡山羊為犧牲祭品的前輩，在馬之前被宰殺。

作為犧牲獻祭給太陽的牡山羊，照樣與太陽互相融通，因此太陽神便展現為牡山羊的面貌。情形若是這樣，浮雕上被認為是長著大角的神像，豈不是以牡山羊的姿態來象徵太陽神嗎？大林太良在他的著作《葬制的起源》之中，便敘述到吠陀經典時代的王族，先將屍體製成木乃伊，然後再付諸荼毘的變化葬制。

木乃伊葬是希求永久保存肉體，而荼毘卻是意圖徹底破壞肉體所採行的葬法。大林先生提到，何以保存與破壞這兩種完全互相矛盾的葬法會實行在同一死者的送殯儀式中呢？他對這個疑問提出了下述的解答：木乃伊與荼毘乍看會讓人認為是互相矛盾的葬法，但兩者都志在獲得「永恆的生命」，目標終究是殊途同歸的吧！但如此解釋會讓人覺得有些牽強附會，所以他未忘小心謹慎的附上一句：「當然這樣也是一種見解，但恐怕是起源相異之不同系統葬制的一種折中方式吧?!」

這的確是很合理的意見，沒必要再提出異議，但對此不是也可以持這樣的看法嗎？太陽崇拜與木乃伊葬之間有必然性的關係，但古埃及人之所以製作木乃伊，無非是將現世看成極端的歡樂而想將現世延伸至來世而已。

可是，以埃及的歷史來說，像第六王朝的末期那樣，天下動亂如麻，戰禍不休，日子只是持續著悲慘與苦難，如此便沒有把現世延伸到來世的必要了，因此像木乃伊葬那樣需要高額花費與手續麻煩的葬法便廢棄不用。

並且，正如犧牲祭品的馬之前由牡山羊前導，王族大概也是在火葬之前先舉行木乃伊葬吧！單憑牡山羊與馬，很難認定其間的必然性關係，但何以馬在作為犧牲祭品之前非得宰殺牡山羊不可呢？何況在木乃伊與荼毘的彼此矛盾葬法之間，極難探究其中的因果法則。不過，說來這便是「業」，「業」的容貌是曲折而不合理的。業正潛伏在我之中，而輪迴的行蹤終究也無法知道。

第十一章　輪迴思想與大麻風土

大麻的幻覺

有關輪迴思想的成因，最後不能忽略的項目便是這個橫跨東西的思想之分布範圍，不可思議地也與屬於桑科的某種植物分布圈相呼應。這種植物若以區系植物地理學來說，一般推測是原產於西亞、中亞植物圈，其後傳播至北非、印度植物圈。它的原產地被認為是在黑海北部的所謂京魅兒人(Cimmer)之國，以及從西邊的色雷斯經過斯丘泰、裏海、大夏（Bactria，位於今日阿富汗北部），東至喜馬拉雅山脈的背後、于闐（Khotan，位於新疆西南）一帶的區域。

筆者在前面〈希臘各家的輪迴觀〉那一章裡，曾提到古希臘的輪迴思想是起源於從色雷斯傳入的戴奧尼索斯崇拜，在希臘南部阿提克登陸化身為葡萄之神、酒神的這位戴奧尼索斯，原本是位色雷斯的草木之神，而這個「草木」正是此處所說的桑科植物之印度大麻。

筆者可先舉出希羅多德之《歷史》第四卷七十四節中的記載來做上述申論的依據：

在斯丘泰地區生長著大麻，除了高度與粗細不同之外，外觀與亞麻極為相似——大麻較亞麻長得更高而粗大。大麻有的是自然生長的，有的是人工栽培的，色雷斯人也以它製成酷似亞麻布的衣物，若非眼光相當銳利的人，便不易辨別是大麻製的或亞麻製的，而未曾見過大麻的人，準會把它看作是亞麻製品。

在希羅多德的時代，色雷斯人與斯丘泰人是在黑海沿岸毗鄰而居，他們有些生活習俗相類似，因此，以下所述希羅多德有關斯丘泰人的記載，在色雷斯想必也會同樣採行吧！

斯丘泰人手裡拿著大麻的種子，鑽進毛氈的帳幕之下，將種子扔在熱得發紅的石塊上。被扔進的種子冒出煙氣，不久在希臘式的蒸氣浴裡，不斷發出騰騰的熱氣。斯丘泰人在這種蒸氣浴裡，變得心情舒暢，開懷大聲呼叫。在斯丘泰這個地方，以此方式代替沐浴，他們洗澡卻全不用水。

不過，這種「在蒸氣浴裡變得心情舒暢」，與日本人在公共澡堂裡心情舒暢地吟唱浪花節或其他歌曲，在意義上有些不同。因為將大麻的種子烘燻而吸入它的煙氣時，斯丘泰人在它的麻醉作用之下已變得神志恍惚而沈浸在幸福的情境之中了。

印度大麻的學名為"Canabis Sativa"，是桑科雌雄異株的植物，自古以來，與鴉片同為最常見的麻藥，從它的雌花花序所採取下來的黏黏的汁液，會帶給人特殊的陶醉感與幻覺而為人所知。由此可以推測，從色雷斯傳入的戴奧尼索斯祕密儀式或奧爾菲斯教之中恍惚、脫魂的狀態，大概便是這種大麻所含四氫大麻酚(tetrahydrocannabinol)之成分發揮的效果吧！

大麻的樹脂可以乾燥後製成棒狀貯存起來，也可以與果子醬或煉製的粉末混攪製成糖果，還可以加入香料製成果子露飲用，或混入煙草中吸食。這類大麻成品，在印度、中東或埃及，以及其他回教圈，都各有不同的俗稱。最近在美國名氣響亮的迷幻藥（marijuana 或 marihwana），便是屬於這類藥物。

這種藥物帶給人心理上的影響，早已受到藥理學家、精神科醫生及很多作家的記述，其中以一八四三年摩洛・道爾所進行的詳細報告以及法國詩人戈契(Théophile Gautier, 1811~1872)、波多雷(Charles Baudelaire, 1821~1867)的經驗談最為著名。現在就以法國詩人波多雷所撰的奇書《人工樂園》為例，撮其大要如下：

啜飲大麻 (hashish) 後，過一會兒身心同時會因無限愉快而感到滿足。並且對於一切汩汩然湧起親愛感，這種感覺擴充、浸透至渾身各處；但為了慢慢仔細品味這種幸福感，而提不起勁採行些微的行動。

而且，感到非常幸福的那段時期一過，知覺便變得極度地敏銳，一切物體顯出縱深與陰影，音樂變得細膩而美妙，甚至具有色彩。但因知覺的對象讓人感到極為滑稽，而不由得笑出來；事物看起來奇形怪狀，又讓人感到惴惴不安。由於時間與空間的觀念產生變化，近在眼前的某些東西看起來既遙遠又清晰，附近的東西瞬息萬變而讓人眼花撩亂，但時鐘的指針卻幾乎並未往前移動。

不久產生了幻想，回教徒們稱為「氣浮」的那種平靜而滿足的安然無慮狀態來臨，這時已經沒有做任何事的念頭，便這樣沈入睡夢。睡醒之後，心情極為舒暢，但這只是虛假的表象，一旦想要著手辦事，因為疲勞與倦怠而不能繼續努力……。

以上大致便是波多雷親身體驗到的所謂大麻之「迷幻」效果，但他同時也是個酒精中毒者，說來算是個衰疲的病人，因此以他作為大麻迷幻體驗的典型例證，也許並不太恰當。

下面再以一位美國旅行家泰勒 (Bayard Taylor, 1825~1878) 在其著作《中非之旅》中記載的大麻體驗為例吧！泰勒在一八五四年到埃及訪問時，在好奇心驅使下食用此藥，效果如下所述：

> 這種藥物給人帶來的感覺，……肉體上感到極為美妙的輕鬆與快活，而在精神上感到身邊最單純的物品變得非常清晰而產生滑稽之感。這種狀態持續了三十分鐘，其間我從未如此受到藥力的支配，感覺非常清晰，但之後卻無法好好記住其中千變萬化的經驗。
>
> 我試著仔細留意那種擴充至神經纖維的全部組織中的絕妙感覺：讓人興奮似的感動一波一波地想要奪去我體中卑俗而物質化的性質，我這個實體已如同大氣中的水蒸氣，看來已朦朧不清。
>
> 雖然我一個人坐在埃及黃昏的寧靜之中，卻懷疑自身是否已被颳起尼羅河波浪的第一陣風吹得飄升起來？
>
> 在持續這種狀況期間，周圍的東西都呈現奇妙而怪異的模樣，我發作般地突然發出一陣長笑。與幻覺出現時一樣，它又慢慢消褪而去，我被輕鬆愉快的睡意所侵襲，然後便陷入深沈舒爽的夢鄉。

合成神像

不過，以上所述的內容，說不定全出於作家的虛構，為了更客觀地了解此一藥物的效果，實有必要再舉出與他們完全不同領域的精神科醫師之臨床報告來看看吧！根據格林斯旁醫師發表的論文指出，一九三四年紐約有位醫生對經常使用迷幻藥的許多人進行觀察，並加以問診，再依據他本身攝食該藥的體驗，將這種藥物對心理上的影響敘述如下：

中毒是從吸食後十～三十分鐘之間持續的不安狀態開始，這段期間使用者往往會感到死亡的恐怖，並受到因心緒不寧與機能亢奮所帶來的迷茫之不安而苦惱。經幾分鐘便平靜下來，一會兒開始沈浸在明確的陶醉感裡……。變得愛說話，意氣風發，全身舒爽而四肢感到不可思議輕飄飄然，起初無邊無際的爆發開來……，有時毫未受到刺激便發笑，對自己的談吐具有似乎充滿機智靈光的印象。一個接一個出現的主意給思考與觀察提供清晰的印象，但若要想起思考的事物便產生混亂。而後開始看到幻覺……地圖、形狀或人的容貌迅速變化成光線閃爍或不定型鮮豔色彩的非常複雜之圖案，……

覺得長短約持續兩小時之後，吸食者在睡意的催促下陷入沒有夢境的酣睡，毫無生理副作用的醒轉，清晰地記得藥性發作期間所發生的事……。

這位紐約醫生還提到，迷幻藥的藥效如用吸食方式能維持二～四小時，注射方式則達五～十二小時，但這段期間中毒者的時間感覺會受到歪曲，僅僅十分鐘也會感到有一小時之長；並且，奇妙的是會產生意識分裂，因此中毒者一面體驗陶醉感，一面還能同時成為自己本身陶醉感的客觀觀察者。

這種「自己是主體，同時又能是客體」的狀態值得加以注意，因為它與一度被認為死了而後來卻復甦者所說的心理體驗極為酷似。多數死而復甦者陳述：他們在「死了」的瞬間脫出肉體在空中飄遊，俯視自己成了屍體躺在床上的樣貌。而這種「靈魂出竅」狀態在戴奧尼索斯崇拜或奧爾菲斯教裡，不正是產生輪迴思想的最初底基嗎？

此外，筆者最近讀到法國詩人、畫家以及被認為是「探討人類精神領域之極限的形而上探索者」的亨利・米修所著《悲慘的奇蹟》(*Miserable Miracle*)一書，愈發懷疑輪迴思想的產生與攝食印度大麻之間莫非存在著某些必然性的關係？

這本著作是一九五六年在摩納哥出版的，這段時期米修以帆船水手或旅行家的身分流浪於南北美洲、印度、中國、日本、埃及與非洲各處，在他的旅程終尾轉而借助於梅斯卡林(mescaline)❶，似乎在嘗試內在意識世界的探險。

導致米修啜飲大麻迷幻藥的動機，是因為世上多數的心理學家或精神病醫師都想從啜飲梅斯卡林者的潛意識來說明啜飲時所呈現的幻覺，他不滿意於這種簡單的態度，為了加以反駁，因而要試著啜飲另外的幻覺因子。米修在啜飲印度大麻之後，凝望著雜誌之中高空彈跳的照片。他將此時的感覺如此敘述：

他們用長長的蔓藤植物稍微撐住身體，從甚至有十五公尺高度的某一粗陋的高塔上縱身跳下。頭部在下朝著地面，而後從容不迫地（雖不能說經常是十拿九穩的從容不迫）降落地面。

我觀察著到地面的距離，推測它到底有多高。這時感到自己簡直就像置身在那高塔之上，我便是正要飛落的那個人，或是正與那個人同在一起，感到高度帶來的暈眩感。而後一翻轉書頁，我仍停留在引起我強烈恐怖感的那塔上的高度；此時我仍感到身在

❶ 梅斯卡林(mescaline)是一種墨西哥原產仙人掌所含之生物鹼(alkaloid)，藥性發作時會使人產生幻覺。

空中的輕飄飄之感，並不知那是大麻迷幻藥特有的印象之一。飛行魔毯的天方夜譚並非傳說，多少世紀之前以來，印度大麻便能讓人們飄浮在空中，在能讓人在空中飛翔的波斯或印度，自古以來那便是一種現實。

此外，令筆者最感驚嘆的是下述的記載：

> 大麻迷幻藥喜歡誇示一些已經解決的問題——此即有時會讓人目瞪口呆的那種最後場面，像依照訂單立即被完成的夢那樣，其中給予的資料已變成了被組合成一件令人意想不到的奇怪圖像（但常是不浪費的簡樸，而且伴隨著優美的潤飾）。
>
> 如此一來，大麻迷幻藥如所期望般創作出雜種的生物。恰如人們將兩種不同的語彙組合成為一個新詞那樣，或如人們製成歡喜天 (Gaṇeśa) 或阿努比斯 (Anubis) 的諸神之像那樣——亦即製成人類的肩膀上擁有大象的頭顱與具有山犬之頭的人類那樣，這些決非被混合或融合在一起，而是完全具有各別互相矛盾屬性的一體。……

文中提到的Gaṇeśa，是印度教的神祇，為濕婆與Durgā的兒子，表現為象頭的樣貌，其後成為佛教的守護神,聖天或歡喜天指的便是此神;至於阿努比斯則是犬頭人身的埃及神祇,出現在《死者之書》那類草紙古文書中,在奧西烈斯的廳堂裡擔任招待死人靈魂的職務。

米修在啜飲大麻迷幻藥之中,產生幻覺時看到這種合成動物乃是其他體驗者未曾記錄過的,這一點對筆者來說,實在具有極重大的意義。在古代的埃及,除了這個阿努比斯之外,還有具有牡羊之頭的克奴姆、具有青蛙頭顱的女神赫克特、鱷魚之頭索貝克與鷹頭人身的哈拉克特斯等,具有人類以外之動物頭面的人身之神頗多。

是那樣嗎?的確,眾所周知的斯芬克斯(Sphinx)便是人面獅身的神像。古代的巴比倫也有這種合成動物的神像,從巴比倫遺址出土的銅板上便浮雕著擁有獅子頭部的巨大神鳥,巴黎羅浮宮所藏的安特美娜銀壺也看得到與此相同的圖樣。

另外,大英博物館所藏的有翼人首像(griffon),據說曾是亞述國王阿叔巴尼帕三世(Ashurbanipal III, 668?~626? B.C.)之宮殿入口的擺飾。這個合成動物的頭部是人,表示王容;身體是有蹄的牡牛,長著象徵諸神之王馬都克(Marduk)的雙翼。大英博物館的館藏還有別的有翼人首合成動物,但軀體不是牡牛而是獅子。

若再看古代波斯貝希斯坦(Behistun,位於伊朗西部)的浮雕,位於中央上部的智慧之神瑪日達(Ahura Mazda)神像,則是上半身為人體而下半身為神鳥的合成動物。

印度除了上述歡喜天之外，人面獸身或獸面人身的神像並不多見，但若遠溯至印度河文明的產物，從摩漢周達羅所發掘到的陰刻凍石印章上，便可看到頭上長有獸角的三面神、人面長著象鼻與象牙，甚至連由牛的角、羊的前足與尾巴聳立的老虎臀部等組合而成的怪物都有。

但是，到了遠較此為後的印度教時代，人類與動物合成的神像便消聲匿跡，只有算得上是人體神融合方式的三面神或多頭神。此時出現了以梵天(Brahman)、濕婆、毘瑟笯三神為一體的神像或所謂的「八面六臂」神像，這些也可說是密教系統所看到的十一面觀音或千手觀音佛像的原型。

奧西烈斯(Osiris)的祭禮

筆者在前面〈太陽崇拜與轉生〉那一章，敘述有關輪迴思想與太陽崇拜的關聯性時，曾提出如下的假說：人類靈魂轉生為其他動物的原始人想法，必定是起於樹上葬、臺上葬、風葬、水葬等時，以貪婪啄食、蛀咬其屍體的鳥獸蟲魚作為對象。

啄食屍體的禿鷹扶搖直上高空，蝟集遺骸的甲蟲飛舞如霧；山犬貪婪啃食屍體，鱷魚吞食遺骸。牠們都被認為是人類靈魂轉生的東西，因此這些動物被當成神聖之物而受到尊重，甚至塑成神像。此點姑且不論，那麼為何不依照這些鳥獸蟲魚的原貌塑成神像而要表現為與人體複合的形態呢？

認為它源於圖騰而來，是象徵種族之動物神轉移為人形神之過程中的產物，這種解說確實聽來言之成理；或者主張它是基於原始人從事狩獵時，將獵獲之物剝下皮來披在身上跳舞的風俗，這類說法也的確簡單明瞭。

再者，如法國社會學家李維布魯爾 (Lucien Lévy-Bruhl, 1857~1939) 有關未開化人的說法那樣，他們的思慮仍屬於前邏輯性的，往往會將自己和其他動物神祕地結合在一起，這種源於所謂「融即之理」的解說也不難理解。因為對野蠻人而言，動物身上摻入自己的輪廓，人類自認便可同時是飛翔於天空的鳥兒或奔馳於山野的獸類了。

不過，將人類與動物如此一視同仁，便當真能直接造出合成動物的神像嗎？按照披著野獸毛皮之人的模樣加以造形的情況另當別論，以鱷頭人身的神祇造形來說，要讓彼此全不協調的兩者之間無懈可擊地融合在一起，是需要投入比較高度的心意。若認為未開化人會從事如此彆扭麻煩的安排，豈非過於天真嗎？

那麼，那種奇形怪狀的合成動物神像是如何製作出來的呢？這個問題的答案便是：它不是他們花費巧心製作而成的，而是按照他們實際所見的仿製而成。至於他們如何能夠看見現實上子虛烏有的東西之疑問，上文亨利・米修在攝食大麻迷幻藥時所見到的合成動物之幻覺便是其中的答案吧！

現在，若按照植物地理學家的說法，從中亞至西亞的植物圈便是印度大麻的原產地，由此傳播至鄰接的北非、印度植物圈，一般認為並沒有什麼太大的困難。因為西亞、中亞植物圈便是橫跨所謂「絲路」之南北的地域，這條貫通東西洋的道路是自古以來便開闢了。

（儘管《大英百科全書》的撰文者假定大麻的原產地是在喜馬拉雅山脈的背後，認為在紀元前二八〇〇年的中國古籍，記載著將這種植物用來作為織物的纖維，因而表示大麻與絲絹一樣，是從中國傳播至全世界的，但這種見解應是對古代中國的相關知識認識不清所導致的謬誤吧！

他所指的中國古籍大概便是《神農本草》，但這本著作是東漢時代鄭玄注解《周禮》時才確定它的存在，因此成書年代至少不會早於紀元前一〇〇年。《大英百科全書》的撰文者將它當成來自於紀元前二八〇〇年的傳說中之神農皇帝，豈不滑稽？）

對古代的埃及人來說，亞麻本來是最常見的植物。其中有些是野生的，後來大量栽培製成亞麻布，輸往各國。大麻雖然與此極為相似，但因質料粗硬，並不太適於製成衣料，因而不像亞麻那樣普及，但似乎仍是自先王朝時便已有了。

在紀元前一三〇〇年期間的王陵浮雕上，便有看起來可能是國王身分的人物用煙斗抽煙的景象，一般推測這可能是在吸食大麻的果實或葉子，當時的埃及必定是認為大麻與製成衣料的亞麻具有不同的用途。他們將它用於宗教儀式上，可能由此看到了幻覺吧！希羅多德也曾意味深長地如此敘述：

埃及人的服裝是穿著腳部周圍附有穗子的麻製貼身襯衣，上面再披上白色的毛織衣物。但是，不能穿著毛織衣物走進神聖的地區，也不能穿在遺骸上埋葬。在宗教上這是受到禁止的，這一點與所謂的奧爾菲斯教、巴卡斯（羅馬酒神 Bacchus）教以及畢達哥拉斯派的戒律是一致的。這類宗教大致上原本是起源於埃及的，因而參與這些宗教之祕密儀式的人，死後不能身著毛織物入殯。

我們在此似有必要再次回憶一下色雷斯之草木神戴奧尼索斯的「拉庫宙斯 (Zagreus) 神話」與埃及東部三角洲地帶之草木神「奧西烈斯神話」之間的類似，埃及在色雷斯之前，毋寧說是在舉行奧西烈斯的祭禮上也已採行了類似戴奧尼索斯的祕密儀式，此時便焚燒了大麻。

奧西列斯也因此復甦為「不死之藥」，必定也是位大麻之神。

幻覺劑 (Psychedelie) 與輪迴思想

前面已提到過，埃及與兩河流域、印度河流域在植物地理學上既屬於同一系區，一般認為也有共同的文化圈，但在印度河文明之中，大麻究竟具有何種角色則完全不清楚。

印度河人們似乎隱約可以認出他們將棉花紡成絲線製成衣料的痕跡，因為找不到使用羊毛或亞麻布的形跡。或許天然豐富的棉花無論怎樣也能收穫，因此不太需要其他的衣料吧！在此情況下，就算有大麻理應也會與埃及一樣用於其他的目的，前述奇怪的合成動物之印章等，可能具有某些啟示的價值吧！

不過，一旦到了《黎俱吠陀》時代，麻藥的使用便逐漸明顯起來。例如《黎俱吠陀》讚歌之中的〈長髮苦行者之歌〉這一首的內容，不妨看作是對此的暗示：

> 長髮者承擔火、承擔毒、承擔天地兩界；長髮者承擔萬有。由於看不見太陽，所以長髮者被稱為這種光明。

文中的長髮者似乎是指瑜伽的苦行者，而所說的「毒」顯然是指痲藥，觀讚歌次節便可分曉：

以風為帶的苦行者們，穿著泛出褐色的污垢。他們跟隨疾走的風行進，當諸神進入他們之中的時候。

其中的「諸神進入他們之中的時候」，說的便是精神忘我的恍惚狀態，它若是因「毒」而引起的，「毒」是痲藥便不容置疑。讚歌又繼續吟道：

藉由苦行者的作為達到忘我之境，我們馭風而行，你們人類只能眺望我們的形骸。

這是靈魂已陷入出竅狀態者的獨白，而下節有如站在旁觀者的立場來吟唱，內容仍不過是獨白而已：

他（苦行者）通過空界飛翔，苦行者一面俯視一切的形態，一面成為各個神祇可愛的朋友——由於善良行為的緣故。

至於這種靈魂出竅狀態是如何產生的，下節便提出了說明：

> 維猷為苦行者攪拌藥物，庫南那瑪將它研成粉末，與長髮者魯特拉一同啜飲碟子裡的毒液時……。

文中提到的「維猷」，指的是風神，「庫南那瑪」似乎是個魔女；而「魯特拉」為暴風雨之神，被認為是後來印度教中濕婆神的前身，但筆者認為印度河文明已有被看作是濕婆神的前身（例如摩漢周達羅出土印章上所刻的三面神），因此不如將祂的神格看作是繼承婆羅門教之魯特拉。而且由此推測，藉由麻藥帶來靈魂出竅狀態的創始之神，正是所謂的濕婆神，因而如此一來，不得不想到濕婆與戴奧尼索斯的關連性。不過如前所述，戴奧尼索斯還與奧西烈斯有所關連，因此當然應該也要考慮到濕婆與奧西烈斯的相關性。總之，隨著探求這些神祇的樣貌，輪迴思想發源地的色雷斯、埃及與印度屬於相同的文化圈，便逐漸變得清晰起來。

而且，古代的波斯也顯出並非此一例外的徵兆，現在就來瀏覽一下祆教經典《亞吠陀》

(*Avesta*) 吧！祆教約略與佛教同一時期興起於伊朗東北，其教典《亞吠陀》是編纂於遙遠後世的薩珊朝 (Sāsān, 226~651) 時代，但用語或宗教性概念、神祇名稱等與《黎俱吠陀》相通，由此可以推測，祆教與婆羅門教之間具有密切的關係。

現存的《亞吠陀》由六篇構成：一為〈亞士拿〉(Yasna)，二為〈維士普・拉特〉(Visprat)，三為〈威德答特〉(Vidēvdāt, Vendidad)，四為〈亞修德〉(Yashts)，五為〈庫瓦答亞吠陀〉(Khūrda Avesta)，六為其他逸文。

〈亞士拿〉是舉行祭祀儀式時誦讀的經典，〈維士普・拉特〉為其補遺，〈威德答特〉為驅魔法書，〈亞修德〉為頌德、攘災招書——此兩者也相當於婆羅門教的《阿闥婆吠陀》，〈庫瓦答亞吠陀〉（一名〈小亞吠陀〉）也可說是小型的〈亞士拿〉，第六篇則以送葬經文為主。其中第三篇〈威德答特〉第十九章可以看到如下的辭句：

休特拉向（智慧之神）阿夫拉・瑪日達 (Ahura Mazda) 詢問：
「全知的阿夫拉・瑪日達啊！
您既不用睡眠，也不用呈獻大麻
追隨阿夫拉・瑪日達您……。」

這就是說，普通的人類要進入靈魂出竅狀態，除了經由睡眠或攝食大麻之外別無他法，但身為神明的瑪日達便無此必要，因此休特拉以此歌辭加以讚嘆。同篇第十九章四十一節又有如下的歌辭：

你供奉義神斯勞夏吧
義神斯勞夏打倒
反對大麻的反大麻魔軍
降臨到杜爾里們的娘家
祭祀達埃瓦的不義者們
不降臨到破壞生活之人們的娘家
身膺附近諸邦祓除不淨者的職責
祂當實現該完成的事

這首謎樣的詠歌究竟意味著什麼？它應該在說祆教裡到達宗教性的恍惚狀態，卻是由於大麻的效果，但也有對此加以反對者。因此，在詠歌中將這些反對者看作是惡魔，強調應該借助義神斯勞夏的力量來打倒他們。

再者，日本伊藤義教先生在注解祆教經典時指出：中世紀波斯語裡有本標題為《阿爾泰・威拉普之書》的書籍，內容是阿爾泰・威拉普這個主人翁，將印度大麻摻入酒中飲用而進入靈魂出竅狀態，事後追述他那脫離肉體的靈魂遍歷靈界的所見所聞。伊藤氏上述的解說是值得注意的一項發現。

從以上所舉的這些例證來看，顯然輪迴思想與大麻的關係已無法加以否定。另外，此處雖已無多餘篇幅詳細論述，但佛教之中最富神祕幻想色彩的華嚴宗與真言密宗等，興起於自古以來便以大麻產地聞名的絲路沿線之綠洲與和闐（Khoten），這難道是偶然的嗎？

不過，關於輪迴思想與大麻的關係，最後想補充的一句話便是，若從以上說法便直接斷定輪迴思想都是產生於攝食印度大麻時的幻覺，如此推論便不免既淺薄又危險。

的確，靈魂若不會脫出肉體，便不可能有轉生和輪迴，但未必只有印度大麻的藥效才能帶來脫魂狀態。有些報告指出，藉由艱苦修行或止觀、禪定等特殊觀法也能達到同樣的狀態，然而輪迴思想與大麻風土具有某些關連仍難加以否定。

這種印度大麻以及梅斯卡林、LSD(Lysergic acid diethylamide)等迷幻藥，都能讓服用者產生知覺異狀，因此神經藥理學上稱之為「幻覺誘發劑」，但一九五七年美國醫學家奧斯蒙都認為這些藥劑不如取名為「精神開展劑」(Psychedelic drug) 更為恰當，因為服用這類藥劑能使知覺變得敏銳，物象顯露其真實樣貌而使意識擴大。

吾人在常識性的日常生活裡，只認定習慣了的現實世界為真實，但這是極為粗心大意的見解，當某些時候忽然往下窺探它底部那十八層地獄似的深淵時，意識那不可測量的深度肯定會令人產生暈眩的思緒。它並非因迷幻麻藥而引起的虛構世界，我們不是可以如此認為迷幻麻藥出乎意料地融解了遮蔽著意識的日常性皮膜而將潛藏在其背後完全不同意識的廣大領域展現給人看嗎？

從這層意義來看，大麻並非如人所說的「幻覺誘發劑」，稱為「精神開展劑」反而更為恰當吧！

若再從這種觀點來考量的話，大麻的服用並非輪迴思想成因的本身，而是達到讓它發生的條件之一，說來不過是一種契機而已。我們不一定要借助大麻，利用某些其他的手段拒絕同化於日常性知覺、抗拒習慣或常識、停止使用判斷等，這些理應也能到達人類存在的根源。

第十二章　輪迴思想之虛幻與真實

「自我」的考察

關於東西方的輪迴思想，迄今為止筆者已盡了自己一切可能不斷去摸索，在這方面似乎總算進入必須追問自己本身之輪迴觀的時候了。我試著重新回顧自懂事以來自己有關這方面的前半生吧！

我直到今天仍能清楚地記得四歲時便永別了的慈母之容顏，由此看來，我的記憶似乎可以回溯到當時——不，當時之前。不過，這種記憶殘像全都像從拉窗的破洞窺見到的風景一般，是片斷的，且像定影不良的照片那樣隨著時日褪色。我想得到的最早記憶是有人在擦拭煤油燈之玻璃燈罩的景象，那是在我生長的札幌街上，可見當時既無煤氣燈也無電燈。

父母皆亡之後，少年時代在東北的城下町受到祖母的撫育，在貧困與寂寥之中，那是個心靈容易遭受創傷、唯有夢想癖高漲的一段時期。不久，那種高壓而讓人深感苦楚的軍國主義時代便來臨了，我只能像激流之中被搓捏的樹葉一般活著，內心充滿無力抗拒的挫折感，青春歲月便在屈辱與痛恨之中白白渡過。

但是，年過不惑而疑惑仍然與時俱增，煩惱無法根除，妄執難以除去；溺於恩愛，誘於名利，唯有在彷徨之中與時變遷而已。如今雖已面臨著人生的黃昏，但那團迷霧終究沒有消散，真如之月怎麼也看不見，這便是今日的處境。家鄉前輩赤沢賢治先生，臨終之前曾如此吟詠：

而後，我轉眼之間便要撒手人寰吧
可是我這個人究竟是什麼
縱使一再地思考，遍覽書籍
那樣也詢問，這樣也承教
結果仍然弄不清楚
我這個人……

還有那位老友，病入膏肓之際躺在床上向我提出同樣的疑問，我現在已不得不詢問自己本身了。可是，這個詢問恰如幻聽一般，只在我的耳畔鳴響，對此我尚未找到任何的答案。

這是因為「自我」的問題並非像自明之理這麼的不清楚，「自我」就在眼前，其實卻遠在天邊。考察的對象便是考察者本身，由於是同一存在，因此面臨著既是主體同時又是客體的困難。情形恰如自己想要吞食自身尾巴的蛇一樣，如此只會徒然引起暈眩而已。

單以日常性的經驗範圍來說，「我」這個東西也的確是不著邊際的存在。因為如前所述，在我的生涯裡便有剛開始懂事時的我、少年時期的我、青春時代的我、中年的我以及年過耳順的現在之我等，儘管有無數的「我」，但連那一個才是真實的「我」都不容易加以斷定。

以實體來說，全都是這個自體；以假象而言，全部也都是假象。並且，這無數的「我」也各不相同，我對其中某些感到愛惜、憐憫、珍愛，但對某些則感到厭惡、輕視，甚至憎恨。嚴格說來，「我」這個東西雖是剎那生滅、變化不息，但變化之中的某段期間，也有持續的形質，因此「我」這個東西既非常住，但也非斷滅，說來便成「不可得」的存在。

但是，就算說是繼續，那也不過是短暫之間而已，因此，通過生涯當中任一處所也找尋不到可說是「我」之主體的「靈魂」。隨著肉體的成長、茁壯、衰退，精神也跟著昂揚、充實、萎縮，其中找不到一點恆常的東西。

世事變遷，人物轉換，風俗更迭。權勢之徒也會滅亡，富貴之家也會落魄；絕世佳人也不能長保美貌，無雙勇士也不能經常誇示剛強。波斯詩人海耶姆 (Ūmar Khaiyām) 在他那充滿深沈憂愁的《四行詩集》(*Rubāiyāt*) 裡，最能詠嘆出人生這種流轉變遷的諸相：

年少時日的畫冊早已闔上。
生命的春天不知不覺已消逝。
青春生命的季節，既不知何時來臨
也不知何時離開，卻已過去了！

年幼時從師學習的人，
年長後誇耀自己學識的人，
但是，到了今天留在胸中的辭世之言——
如水之來、如風之去，這個人身啊！

在這種「萬物流轉」之中，為何單單只有「自我」可能會是恆常呢？「自我」也會改變——情念乾渴，意志力衰退，智慧也會喪失。其中一貫相續的，僅有「自我意識」，但甚至連這個也不能始終穩固如常，由於腦髓的外傷或激烈的精神性刺激，乃至於年歲的老耄，都能讓記憶中斷或喪失。

再者，若是罹患某種精神病，往往會引起人格分裂、替換或改變。而「記憶喪失」或「人格之改變」所意味的，便是「自我」的破壞與斷絕。如果「自我」的背後有永恆不滅的靈魂，它為何不等待肉體的死亡而遭受破壞或斷絕呢？

再以存在論來看，「我」這個東西對我而言終究還是個謎。前面已提到我將自身當成客體來考察的矛盾，而我自認非常了解的那個我本身，說來不過是意識之水平線上浮現的露頭而已。關於這個露頭究竟根源於多深的底部？它的終端如何盤根錯節地擴張著呢？這是怎樣也無法知曉的。那兒本來是主體之所在，由於被視為客體，當然便出現了巨大的死角（無意識界）。

佛洛伊德將位於這個死角的那幽暗而不可測量的底邊取名為「S」，比擬為欲望（libido拉）——亦即「本能之活力」晃動的海洋。「S」的溟海不斷搖動、起伏、奔騰，成為有時連可以稱為「自我」之監察官的「超我」都無法加以統馭的壓倒性潛在活力之源泉。那兒連佛洛伊德所說的「超我」也無法成為令人畏懼、深不可測的「自我」之主體，因而它即便是機能的中樞，也還不是君臨「自我」的永恆不滅之靈魂一類。

無我說與業思想的矛盾

上節從時間性和構造性來考察「我」的結果，若在其中找不到獨立於肉體的常住之靈魂或Ātman，那便表示沒有對吾人行為負責的主體，若無主體，輪迴也就不可能有了吧！

但如此一來，業的報應觀念也受到了否定，我們即使積累怎樣的惡業，經由死亡就可一筆勾銷，因而便能免除報應。是正是邪，或善或惡，都是死亡之前的作為，在認為死的彼方什麼也沒有的虛無主義之下，便也沒有追問行為責任的必要了。

若認為偉大者、高貴者也必須與卑微者、醜惡者同樣消失，便不能擺脫「偉大或高貴之意義何在」的懷疑，如此當然便不得不陷入厭世、頹廢的傾向，這樣首先就會違背我們人類社會有關實踐倫理的要求。

雖然高揭「諸法無我」作為三法印之一，但它與「業思想」的關係總不免讓人有矛盾之感，這便是部派佛教之中以理論精緻聞名的「說一切有部」。在據傳為該派代表性教典之一的《大毘婆沙論》中，便有如下的闡述：

> 如果法非三世實有，因果便受排斥，佛道修業也就了無意義，一切法便不能成立，非墮入大妄見不可。

該派既放不下原始佛教「無我說」的旗幟，卻又樹立五蘊相續的「有情」觀念來代替永續性的「我」，讓它承擔業的責任，有情便如此流轉於六趣之間。為了確立善因善果、惡因惡果的道德性因果律，雖然有些為難，卻不得不樹立這個「有情」的觀念。

在佛教以前的古奧義書已經出現的業思想，必定是自太古以來即成為民間信仰的底流。新興的佛教雖然創立「無我說」，也不能輕視這種迷信，有些部派多少不能不與之妥協。

關於這種「無我說」與「業思想」之間的矛盾，在紀元前二世紀期間，希臘系米南德羅王(Menandros)將印度西北部併入阿富汗，並侵入恆河上游，建都於夏喀拉（即今日之夏科特 Sialkot），這位國王與佛教那先尊者的問答錄《那先比丘經》（巴利語稱為《米林達王問經》(*Milindapānha*)）裡便討論到此一問題，而最讓米南德羅王感到疑惑的，便是那先尊者站在佛教徒立場所表明的「無我說」。

王上問道：

「尊者！如果我們在現世裡的人類形質，不能在來世繼承，那人類便能逃避惡業的報應，您以為如何？」

「大王！」那先尊者回答說：「隨同死亡終了的現世形質，與在彼世轉世的形質是有所不同，但是，來世的形質卻是由現世這個形質所生，因此人們不能豁免各種惡業。」

那先尊者在此舉出一個譬喻：天剛黑時之燈火的火焰與深夜的火焰雖然不同，但同樣的燈火並無差異。闡述它既非同一，也非差異，乃是事象的繼續；個人的生存也是因緣所生的，因此現世的人類與轉世於來世的人類是既不相同也無差異。而且，輪迴的主體並非從一個肉體轉生至其他的肉體，而是再度轉世，那先以此否定常住不變的主體或不滅靈魂的存在。

再就時間方面來說，所謂時間便是輪迴的生存本身，因為有輪迴，所以有時間。而且，還說明過去、現在、未來三世的時間，是因無明而產生的。

不過，讓筆者感到疑問的，便是那先尊者所說的「轉世」這一用辭。此處尊者所說的顯然是經由輪迴而轉生的，但那是繼承某種形質呢？或是若其中有某種不變的東西轉生才可以說是轉世，而連形質都未繼承，又非不變的主體，如何稱它為「轉世」呢？

現在有一個生存終了，以此為緣開始了其他的生存，單就此情況來說，前者豈非不能說是轉世為後者嗎？但若非轉世，便無承擔業之責任者，在常識上輪迴便也受到了否定，因此為了貫徹業思想，轉生便勢所必至。然而，即使以那先的回答來看，仍舊怎樣也不能消除我對佛教中「無我說」與「業思想」之間的矛盾。

這裡必須考慮到的是，「業思想」本來是起源於世俗之說，從它的性質來看，多半是功利性的。其中為了獲得善報而從事善行，因害怕業罰而逃避惡行，不可否認它是植基於低層次的倫理觀念。

如果此處樹立「無我說」之旗幟的佛教，想要貫徹其教理，便不須迎合世俗之言，理應將那種「業報思想」淘汰至自律性的倫理觀念。在此情況下，若對輪迴加以肯定，至少必須否定轉世於來世的轉生思想。

那麼，自律性的倫理觀念是什麼呢？那便是：我們的行為不論其結果如何，行為本身便具有意義。總之，不是為了接受善的果報才奮勉行善，也不是因為害怕業罰才遠離惡事；不，反而是結果將會承受怎樣的苦難也非遵行正義不可，不論會獲得怎樣的利益也不能參與不正……。豈非到達以上所說的程度，才可說是高層次的倫理觀念？

在佛教之前的中印度西部，據傳因聖克里休那（Kṛṣṇa，印度教半神半人之英雄）而被宣揚為聖典的《聖神之歌》(*Bhagarad-gitā*) 這部書，目前被編入古印度長編敘事詩《摩訶婆羅多》(*Mahābhārata*) 之中，書中到處歌頌著行為本身所具的重大意義：

只把你的關心朝向行為吧！決不可朝向結果。不可以行為的結果作為動機，沒有行為你便沒有執著。

捨棄依據瑜伽的執著而去進行各種行為吧！阿爾留那神啊！會等同看待成功、不成功，平等觀便是所謂的瑜伽。

捨棄對行為結果的執著，經常滿足而不依靠他人的人，即使從事於行為，也決非有所為而為。

消除願望、克制身心而捨棄一切所有的人，雖然只從事身體的行為，也不至於犯罪。

但是，即使用這種方式來揚棄業報或輪迴，也不是已習慣於迷信的大眾所能立即理解的，暫時需要淺顯易懂的解說作為「方便」法門，再逐層深入教法，因此佛教一面採取「無我說」，一面也肯定與此矛盾的業報或輪迴。的確，眾生的教化若不以方便為媒介，便很難實現，不過話雖如此，若是權宜的方便說法與真實教義混為一談，方便就變成虛妄，終至連方便都談不上了。業報或輪迴的思想，也不能避免這樣的結局。

輪迴與時間

筆者在上節闡述了「一面肯定輪迴，一面否定轉世」的想法，對此並未特意附加說明，乃因為這正是本節的課題。「一面肯定輪迴，一面否定轉世」，大概任誰也會認為這一說辭豈非明顯地相互矛盾嗎？

因為「輪迴」的意義若為「重複生死，像火輪的旋轉一樣沒有止息的時候」，便是頻繁地轉生、轉死，所以轉生也是輪迴的一部分。不過，如前所述，輪迴雖未必要伴隨業思想，但它不單只是轉生而已。如果業思想像前述《聖神之歌》的詩人那樣被理解，業因行為本身的分量而獲得報償或受到處罰，如此當然也就不需作為結果的轉生了。

那先尊者提到「轉世」的時候，所想的仍是附合米南德羅王的世俗諦之輪迴，其意義應是人死之後依據他的業在來世轉生為鳥禽或獸類吧！這裡有問題的是，把時間看作前世、現世、來世的所謂「三世」。

顧名思義，前世是指吾人尚未接受生命於此世以前的他生之時間，現世是出生至死亡之間的時間，來世則是死後轉生為其他生物之後的時間。這種「三世」觀念，確實很適於說明現世的不合理。

因為有人一生下來便疾病纏身或肢體不全，不是愚鈍便是貧困，或為奴隸，相對於此，為何有人天生強健，麗質得天獨厚，不是聰明便是富貴，或生於王侯之家？為何在現世行為惡逆無道的人們顯榮於時，而義人卻須窮死陋巷？對於這種疑問與難題，唯有將這個現世延伸到無限的過去與未來，才能用因果的法則加以解說明白。

有些陷入苦戀的年輕男女，現世即使不能結合也會把希望寄託於來世；某些遭受意外災禍的家庭，將此歸咎於前世的因緣，便能想開；還有壯志未酬的慷慨悲憤之士，想藉「二十年後又一條好漢」來達成心願。

這種輪迴觀本來是淵源於「說一切有部」的實在論「諸法的本體延續至過去、現在、未來三世而為恆有」之思想，對現世苦即使有所說明，也未能加以解決，因為解決之道只是藉著回顧前世來死心斷念，或是把希望延期到來世。再者，儘管以過去與未來說明現世苦的意義，而它的前世與來世的樣相也只是現世的反映而已。

這種「有部」派的實在論想法，甚至連時間都實體化，終至演成進退兩難的局面，相對於此，佛教之中的「中觀派」便提倡過去、現在、未來之三世不存在。這是因為時間因存在才會顯現出來，並非時間在前頭因而顯現出存在；也就是說，沒有生、死、流轉之處，便不可能有時間，時間是緣起的系列。然而，無論怎樣的存在也是空，因此時間就變成沒有存在。若以這種推論方式來進展，三世便受到否定，因而六道輪迴也會同樣受到否定吧！

對此提出反對論調者，說：

> 時間必定存在，因為其中有分量（亦即吾人所說的時間之長度），所以不存在於此世的東西便談不上分量。可是時間有分量，例如它有剎那、頃刻、須臾、日、夜、晝夜、歲月等區別，因此時間是存在的。

但是，「中觀派」對此論調提出反駁說：「縱令它有分量也不能被捕捉，因而不存在。」這裡所說「不能被捕捉」的含意，大概是指時間這種東西會因知覺到它的人所處的各種不同條件而有所差異吧！正如閒極無聊的人感到時日漫長，而埋首專心致力於某事的人卻感時日短促。此外，時間知覺也會因年齡或個性的不同而有所差異，當前的時間與追憶中的時間具有反比的關係，視若等同也不妥當。

對某些人來說，充實的一瞬也比得上永恆；但縱使身為長壽者，若活得醉生夢死，一生便如過眼雲煙轉瞬消逝！「中觀派」所說的時間不存在，並非說它沒有，而是空，亦即意指不能加以捕捉。

禪宗關於時間方面還有「一彈指項古來今」的說法，意思是說指頭彈出「啪！」的一響，僅僅一瞬之間也包括過去、現在、未來的一切。「一彈指」是比喻極短的時間，正確地說當是「一念」或「剎那」吧！

《僧祇律》卷十七的經文裡對此有具體的闡釋：「二十念為一瞬，二十瞬為一彈指，二十彈指為一羅予，二十羅予為一須臾，三十須臾為一晝夜。」若按此加以計算，一念便相當於〇・〇一八秒，但筆者認為「一念」並非可以計量的時間，應當解釋為「同時」或「即時」之意。

不過，關於「時間」最徹底的想法，在華嚴宗的教學裡最能看得出來。在以「事事圓融無礙」為宗旨的華嚴宗裡，「時間」也解說為具有「念劫融即」之理，例如《華嚴經・第九發心功德品》便說：「知無量劫是一念，知一念即是無量劫；知一切劫入無量劫，知無量劫入一切劫。」《華嚴經》卷三十一又載：「長劫入短劫，短劫入長劫；或百千大劫為一念，或一念為百千大劫；或過去劫入未來劫，未來劫入過去劫。」經中這類說法不勝枚舉。再者，賢首大師、法藏的《華嚴五教章》中，〈十世隔法異成門〉有如下的說法：

> 過去、未來、現在三世又各有過去、現在及未來而為九世，然此九世彼此相即相入，故為一總世，總世與各別九世合為十世。此十世別異具足同時顯現而成緣起，故能相即相入。因此經云：以長劫入短劫，短劫入長劫；或百千大劫為一念，一念即百千大劫；或過去劫入未來劫，未來劫入過去劫。如此自在時劫無礙，而相即相入渾融而成……。

這是說過去、現在、未來的三世裡，又各自有過去、現在、未來三世，總合成為九世；這九世都收歸於現在的一念，一念反而成為九世，這九世與一念的對立，在十世裡受到克服。若站在此種觀點來看，時間朝向過去—現在—未來，並非具有方向性的流動或持續，而是「從現在往現在」流動的永遠「今」之環流。在此情況下，「今」不是以未來為目標的過程或手段，而是充滿無底生命的絕對無上之「今」。

因此，輪迴既是從悠久之苦朝向永恆之未來持續沒有止境的流轉，同時也是眼前的一瞬，正如古詩所說：「枕上片時春夢裡，行盡江南數千里。」

法哲柏格森 (H. L. Bergson, 1859~1941) 在其著作《物質與記憶》之中，敘述有關「過去的全景畫」的報告，出人意料地竟與華嚴宗的時間論互相呼應，說來真是奇妙。柏格森在一九一三年五月所舉行的一場演講會上，同樣談到極富興味的「時間論」：

諸君大概聽過，溺水或上吊的人在死而復甦之後提到他們在臨死的那一瞬間，整個生平往事像全景畫般出現在眼前的情況吧！這種現象像有些人所主張的那樣，具有假死的徵候，所以我不妨再舉出其他的例子好了。滑落斷崖深谷的登山家以及將被敵人殺害而覺悟到已經死亡的士兵，也會產生這種現象。

以上所說，表示我們的全部既往不斷地存在於那兒，我們要認識它只要加以回顧便可。只是試著回顧往事，既不能夠，也沒好處。

這樣做之所以沒好處，是因為我們的宿命是生活、是行動，而生活與行動便是向前注視；至於所謂不能夠，則是由於腦部的構造在此情況下會遮蔽我們的往事，僅僅照明現在這段時間的事態，在各瞬間只讓它透視將使我們的行動成為有利的部分，這才是它的功能。因此，往事像全景畫般呈現在眼前乃是基於突然對生活感到漠不關心，是在確信自己當場即會死亡的情況下產生的。而腦部直至此時之前，作為記憶器官所活動著的，是為了要讓注意力緊緊繫住生活，是為了讓意識場有效地縮小。

柏格森所講述的，是死亡出現在眼前者之特殊狀況下的意識，但即使在平常我們也知道，我們的時間——亦即「意識的流動」，繞著像颱風眼般的現在時刻捲著漩渦。它有時是記憶，有時是預期，有時則為空想或觀念，卻突然占據我們的現在，甚至具有高度的現實性。它們有時「比現實更具現實性」，但在另一方面，也不妨認為是親眼看到的輪迴吧！

虛幻與真實

筆者行文至此，重新回顧自己本身，不免向虛空提出疑問：「我」當真存在嗎？「我」究竟是什麼？雖然明知回應的不過是自己愚蠢質問的回聲，還是非問不可。

我果真存在嗎？不，什麼地方也沒有存在的確實證據。我問、我疑、我思，故我存在，這類笛卡爾 (René Descartes, 1596~1650) 式的判斷，我認為太過於沾沾自喜了。

因種種條件而成立、剎那生滅的這個人身，有如照映在水面的影子、搖晃在原野盡處的蒸氣、拂過樹梢的輕風似的這個人身，當真可以說是「存在」嗎？氣息隨著發問的聲音遠遠消匿，只剩聲音在空洞的附近回響；此身隨著所想的一念亡故，說不定徒留「心思」在虛空飄蕩。

但是，就算是這個「心思」，我也不相信如閭巷傳聞一般，脫離肉體化為靈魂，輪迴於六道之中，在他生轉世為人類或鳥獸蟲魚等說法。隨著肉體生病且衰老的精神，如何可能永恆不滅呢？這不過是抱怨自身之有限性者虛幻的願望，或對過去的罪業感到心驚肉跳者令人厭煩的魔夢而已！

不過，就算它只是紮根於迷信的虛幻吧！在我們日常的生存之中，這種虛幻才是現實。凡是人都不免一死，但把人類原本是空的生存當作實存來執著，由這種顛倒所支撐著，因此才把死看成人生「一大事」。並且，把這個「一大事」的死看作是單純的「斷滅」，藉由將它倒轉的心願，因而出現了「輪迴」。「斷滅」與「輪迴」本來都是同一根源，在它們的極限之處，兩者都是「顛倒的夢想」。

無明帶來顛倒，顛倒產生我執。把非實在的東西執著為我，將不生不滅的東西當成有生有滅。原本沒有「我」的主體，一切的存在若是不生，怎麼可能會有死或輪迴呢？但是，縱使領悟「諸法無我」的佛理，只要我們活在世上，也不容易擺脫我執，因為我執恰如沁入綿中的油那樣滲透著凡夫的生存。

因為有我執，所以會煩惱、愛、憎、痛苦、憤怒、爭奪、驕傲、嫉妒、愛惜、憂愁、恐懼，讓心靈片刻也不得安寧。這件事本身便是六趣，輪迴對我而言並非虛幻，乃是的的確確的現實。也許我們不需探索前世，也不必死後讓心思奔馳，因為每天便是它的流轉，轉瞬之間便有輪迴。

現在，當我再向自己本身發出「這個我原來是什麼」的疑問時，我的腦中浮現某一意象——那是我所生長的北國荒涼昏暗的海濱風景。那兒奔騰的波浪不斷湧向聳立的斷崖，發出澎湃的聲響，以此聞名。海洋恰如兇猛的巨大生物，不斷晃動，咆哮起泡。

此刻，我連漂浮在無涯海面的一朵泡沫都不如。泡沫因風波的戲耍而生，轉眼之間隨著轉動的水流又立刻消失；它似有若無的生存，又輕易地消失得無影無蹤。但是，這微不足道的泡沫仍是那漂浮大海的本身。海水在一朵泡沫之中搖動，在那海上漂流無數的泡沫，那一朵朵泡沫各自充滿著廣大的海洋，海洋各自有岬角，其中有沾濕浪花的岩石，岩石上面有白色的燈塔。

燈塔的燈光在旋轉，一到晚上它的閃光便穿透籠罩黑暗海面的濃霧，海流整夜在岸邊冰凍的海濱互相激蕩，它在海鳥瞬間發出的尖銳叫聲中產生裂紋。碎裂的流水也轉瞬化為忽明忽滅的泡沫，在那忽明忽滅的剎那之間流動著悠久的時光，這悠久之中自太古以來便明滅著無數量的泡沫，明滅的一瞬各自具有一個永劫。

當把這種世界的構造看成一念萬年、十方現前與重重無盡[1]時，萬法便互相呼應，一花所開之處，萬花絢麗競秀，天地形成無限的連鎖而擴展開來。在那蓮花藏世界裡，沒有大小、廣狹、一多、念劫的分別，因此諸法無我，時無三世，輪迴也是虛幻。並且，我的煩惱仍然不如無數漂流在昏暗海面的一朵泡沫。

我知道自己總有一天會身在從無明的深淵湧出的巨大漩渦正中，在道理上否定輪迴終歸也不能免於置身其中。

過去的業成為因而造就了現在果的業，此業成為因又牽涉未來果的業。因帶來果，果又形成因，如此旋轉循環而不知它的止境。我被吞進這輪迴的漩渦，唯有束手無策地跟著流動，即使依靠自己泡沫之身的力量，也只是徒勞掙扎而已，怎麼也擺脫不了這種輪迴的漩渦。只是，聽說此時誓願具有不可思議的力量，已經截斷因果的法則。

---

❶「重重無盡」為華嚴宗用語，是說像「一之中有十、十之中有一」那樣，一切事物、事象相互具有無限的關係而融合成一體。

跋

本書在起稿尚不到一年半內，便有數位好友舊知入了鬼籍，其中包括社會上眾所周知的作家武田泰淳與荷風研究家小門勝二等人，更加受到「無常迅速」念頭的驅迫。

與此同時深深感到，生存的意義並非生存本身所能表明，而是要呈現在埋伏於前方的死亡蒼白之光下始能明確。這並非從現在的生眺望彼方的死，而是以死亡為光源，在那搖曳的光芒中凝視生命時，人生不過恰如一場影戲而已！

影戲一會兒便終了，但人生只是這樣嗎？或是幕後果真有某些東西？這是自古以來任誰怎麼思考也得不到確切答案的問題。

哲學與宗教便是為了要探究這個「生死事大」而興起的，已提出合適的答案，而「轉生輪迴」也是其中之一。

這種輪迴思想出人意料地貫通東西洋幾乎發生於同一時代，並且成為根深蒂固的民間信仰受到傳承，我對此頗感懷疑，數年前曾在論說集《惡魔之道程》一書中就此發表拙見。

不過如今看來，當時探究的方法既簡單，資料的蒐集也不夠充分，難免流為膚淺之見。此次是對當時一知半解卻大言不慚的再三反省，決定盡己所能針對這一問題更深入地鑽研。但畢竟學疏才淺，文中仍不免意之所在難以盡言，尚請大方不吝賜正！

這篇文稿的撰述，是因某日我將上述拙論出示給人文書院的谷誠二先生而肇其端始的。谷氏過目之後，勸我務必在更大篇幅的基礎上發揮其中的論旨，並不辭百忙之身，親訪東京為拙論在《第三文明》雜誌上之連載而斡旋。如此深情厚意實在一言難盡，禁不住藉此深表謝忱。

另外，《第三文明》的編輯部不顧我文稿的延遲，仍全力支援拙論完稿，也順便在此謹申謝悃。

一九七七年暮春，於攝津甲南之寓所

著者識

參考文獻

專書

1 《印度哲學史要》 金倉圓照著（弘文館）
2 《印度哲學的自我思想》 金倉圓照著（大藏出版社）
3 《印度哲學史》 金倉圓照著（平樂寺書店）
4 《葬制的起源》 大林太良著（角川書店）
5 《埃及宗教文化思想史》 比屋根安定著（春秋社）
6 《希臘、羅馬宗教思想史》 比屋根安定著（春秋社）
7 《生活文化的產生》 黎甫士著（大林、長島譯 角川書店）

8 《早期希臘哲學家摘要集》 山本光雄著（岩波書店）
9 《印度文明的曙光》 辻直四郎著（岩波書店）
10 《吠陀經典與奧義書》 辻直四郎著（創元社）
11 《黎俱吠陀讚歌》 辻直四郎著（岩波書店）
12 《印度河文明》 荷伊拉著（曾野壽彥譯　三鈴書房）
13 《印度河文明》 馬蓋著（竜山章真譯　晃文社）
14 《史前時代的印度文化》 高爾頓著（紀伊國屋書店）
15 《死後之世界》 渡邊照宏著（岩波書店）
16 《輪迴思想的淵源》 金倉圓照著（《思想》一九三五年）
17 《印度哲學的根本問題》 金倉圓照著（光の書房）
18 《印度古代精神史》 金倉圓照著（岩波書店）
19 《印度精神文化的研究》 金倉圓照著（培風館）
20 《東洋人的思惟方法》 中村元著（三鈴書房）
21 《聖神之歌》(*Bhagavad-gitā*) 辻直四郎著（刀江書院）

全集・叢書・辭典

1 《世界古典文學全集(印度集)吠陀、亞吠陀》(辻直四郎監修　筑摩書房)
2 《柏拉圖全集》(岡田正三譯　全國書房)
3 《奧義書全集》(高橋順次郎編譯　世界文庫刊行會)
4 《米林達王(Milindaphañha)問經》(中村元、早鳥鏡正譯　平凡社)
5 《望日佛教大辭典》
6 《佛教學辭典》(法藏館)
7 《佛教辭典》(龍谷大學出版部)
8 《世界歷史大事典》(平凡社)
9 《哲學辭典》(平凡社)
10 《大正新修大藏經》

外語文獻

A. Kroeber: "Disposal of the Dead," *American Anthropologist*, vol. 29, 1927.

Kaj Birket-Smith, O. Füssli: *Geschichte der Kulture*, Zurich, 1946.

Alexander Scharff, Beck: *Aegypten Handbuch der Archäologie*, I. Bd., München, 1939.

E. J. Baumgartel, Basil Blackwell: *The Culture of Prehistoric Egypt*, 2 vols., Oxford.

John A. Wilson: *The Culture of Ancient Egypt*, Univ. of Chicago, 1956.

James H. Breasted, Peter Smith Magnolia: *Development of Religion and Thought in Ancient Egypt*, repr., 1959.

The Children of the Sun, London, 1924.

An Introduction to the Egyptian Seligion, 1932.

L. Mitteis, und Wilcken: *Grundzüge und Chrestomatie Papyruskunde*, 1912.

C. Jensen: *Ein neuer Brief Epikur*, 1933.

C. H. Moor: *Religious Thought of the Greeks*.

M. P. Nilsson: *A History of Greek Religion*.

E. Frank: *Plato und die Sogenannten Pythagoreer*, 1923.

W. Windelband: *Platon*, 1900.

P. Deussen: *Outlines of Indian Philosophy, with an Appendix on the Philosophy of the Vedanta*, Berlin, 1907.

Bloomfield: *The Religion of the Veda*, New York and London, 1908.

H. Oldenberg: *Die Lehre der Upanishaden und die Anfänge des Buddhismus*, Göttingen, 1915.

H. Oldenberg: *Die Religion des Veda*, Berlin, 1917.

F. Max Müller: *The Upanishads, Sacred Books of the East*, Oxford, 1879 ~ 1884.

P. Deussen: *Sechzing Upanishad's des Veda, aus dem Sanskrit übersetzt und mit Einleitungen und Anmerkungen versehen*, Leipzig, 1897.

W. Ruben: *Indische und griechishe Metaphysik*, Zeitschrift für Indologie und Iranistik, VIII, 1931.

回歸真心——生命倫理的探求

川喜田愛郎 松原泰道 奈良康明 松長有慶著 陳玉英譯

人們常說，用心就能把每一件事做好。面對人生的生、老、病、死，以及與此關係密切的醫療問題，更需要我們秉持一顆真心，坦然以對，積極地尋求解決。本書四位作者分別以其專業素養，與讀者暢談醫療與生命倫理、生病的哲學、身心如何相輔相成，以及宗教的生命觀。從心出發，恢復本性，我們將活得更有意義。

生命的尊嚴——探討醫療之心

日野原重明 重兼芳子 坂上正道 中川米造著 鄭惠芬 呂錦萍譯

現代醫療藉助科技之便，成功治癒許多疾病，挽回無數生命。但在這過程之中，病人卻逐漸被「物化」，喪失做為一個人應有的尊嚴，醫療結構也存在許多弊端。本書即針對此一現象提出反省。如何結合醫療與宗教，讓人人安然面對病痛與死亡，是每各現代人的切身課題。

死而後生

田代俊孝編 吳村山譯

為了充實自我的人生，也為了能與面臨死亡的人心靈共鳴，一起超越死亡的痛苦，我們實應認真探索死亡，並進而了解生命的真諦，秉持這個宗旨，日本「探討生死研究會」定期舉辦研討會，並將演講內容彙集刊行，本書即其成果之一。正視死亡，才能讓生命更加充實。由生而死，從死看生，正有待我們認真玩味思索。

生命的安寧——關於療養院

鈴木莊一 矢內伸夫 村上德和 田宮仁 中島修平 中島美知子著 徐雪蓉譯

有別於一般病人，末期病人的醫療與照顧，需要我們投注更多的關懷與付出，才能幫助病人安寧地走完人生。本書六位作者分別站在醫療與宗教的角度，透過親身體驗，以「從初期護理看末期醫療與宗教」、「宗教對醫療之重要性」、「佛教福利與末期護理」、「日本療養院的宗教與醫療」為題，提出他們的看法，值得大家參考。

生命的抉擇——生死觀與器官移植

藤井正雄 中野東禪 金岡秀友 和田壽郎著 陳玉華 李金玲譯

器官移植牽涉的層面極廣，它與人們的生死觀、民俗宗教信仰和對遺體的看法都有密切的關係。而不管從宗教、醫療或法律的角度去探討，贊成與反對雙方皆持之有故，不易取得共識。這種情形在日本尤為明顯。對於此一攸關生命的重大抉擇，您有何看法？本書提供您許多思考的方向。

從癌症體驗的人生觀

田代俊孝編 黃國清 徐明達譯

當遭逢周圍親友身故，或曾經體驗死亡經驗時，對人生與事務的看法，將會有所改變，尤其有過癌症體驗的人更是如此。本書即是日本「探討生死問題研究會」以此為主題，所收集的八篇演講實錄編輯而成。癌症雖可怕，卻也是生命的一大轉機。「向癌症學習」、「向死亡學習」，這樣的人生經驗，彌足珍貴。

超越死亡——未被發現的國土

霍華德・墨菲特著　方蕙玲譯

莎士比亞稱死亡為「未被發現的國土」，因為尚無人能像哥倫布發現新大陸一樣，在造訪該地之後，回來向世人述說他的經歷。但自莎翁時代以降，有關這項古老秘密的研究工作，已有不一樣的風貌，本書即是其中的佼佼者。作者透過宗教、哲學、神秘主義，以及經驗證明等比較觀點來檢視死亡，為我們揭開死後生命世界的奧秘。

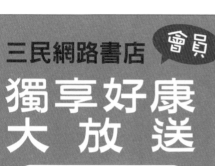